天智天皇
秋の田の
かりほの庵の
苫をあらみ
我が衣手は
露にぬれつつ

持統天皇
春過ぎて夏来に
けらし白妙の
衣干すてふ
天の
香具山

百人一首の
言語学
げんごがく

牧 秀樹 [著]

蝉丸
これやこの
行くも帰るも
別れては
知るも 知らぬも
逢坂の関

紀友則
ひさかたの
光のどけき
春の日に
しづ心なく
花の散るらむ

柿本人麻呂
あしびきの
山鳥の尾の
しだり尾の
ながながし夜を
ひとりかも寝む

小野小町
花の色は
移りにけりな
いたづらに
我が身世にふる
ながめせしまに

開拓社

まえがき

　　めぐり逢ひて 見しやそれとも わかぬ間に 雲隠れにし 夜半の月かな
　　　　　　　　　　　　　　　　　　　　　　　　（紫式部（むらさきしきぶ））
　　　'久しぶりに逢ったのに、それがあなたかどうかもわからぬ間に、
　　　あなたは帰ってしまった。まるで雲に隠れた夜の月のように。'

あれから、1000年。皆様、いかがお過ごしでしょうか。紫式部（973?年-1019?年）がこの歌を詠んで、はや1000年。NHK大河ドラマ『光る君へ』（2024年1月より放送）の主人公としておなじみです。この和歌は、57番目の歌として『百人一首』に収められています。あれから、1000年。

　　「この味がいいね」と君が言ったから七月六日はサラダ記念日

俵万智（たわらまち）さん。1987年。『サラダ記念日』。短歌。和歌も短歌も、5・7・5・7・7の音で作る歌です。

　　　この味が　　いいねと君が　　言ったから　　七月六日は　　サラダ記念日
　　　　5　　　　　　7　　　　　　　5　　　　　　　8　　　　　　7

こんな具合にスペースを空けたら、だいたい5・7・5・7・7の音のまとまりになっています。

　和歌・短歌。いつごろからあったんでしょうか？ 昔です。『古事記』（8世紀前半）や『日本書紀』（8世紀前半）にもすでにそのようなものが見られ、『万葉集』（9世紀前半（推定））には、大量に見られます。大野晋氏は、『日本語はどこからきたのか』（大野（1999, p. 163））やその他の著作で、この5・7・5・7・7形式は、タミル語にも見られ、既に弥生時代（紀元

前10世紀から紀元後3世紀中頃まで）に、東南アジアから日本にもたらされたと述べています。昔です。

　本書は、和歌を集めたものの中で、最もよく耳にする『百人一首』に焦点を当て、これら100首と、関連する古典文学から、古代日本語の性質を明らかにしていきます。読み進めていくうちに、日本語の特質とは、本当は何なのか、また、日本語は、本当はどこから来たのかという疑問に、自分なりの答えを見出すことになるかもしれません。

　本書で扱う百人一首は、藤原定家（1162年-1241年）が撰者で、後に『小倉百人一首』と呼ばれるものです。13世紀前半に完成したと考えられています。今から、800年ほど前です。

　本書は、次のような方に向いています。まずは、中学や高校で、**古文の授業を受けている方**。授業中に言われていることの本当の意味がわかるかもしれません。次に、中学や高校で、**古文の授業を教えている方**。不安が少し減るかもしれません。そして、そもそも、**和歌や古文が好きな方**。芸術としての鑑賞を背後から支えてくれる心の友になるかもしれません。さらには、**競技かるたに夢中な方**。本書の100首は、競技かるたに合うように、一般社団法人全日本かるた協会の表記を採用しています。そして、出版社ホームページに入りこめば、100首すべて、私の音声で聞くことができます。この音声は、初めて百人一首の音声を聞く方のために、抑揚を押さえ、わかりやすくしています。ランダム再生すれば、競技かるたの最初の練習に使えます。

　本書は、前著『誰でも言語学』・『これでも言語学』・『それでも言語学』・『象の鼻から言語学』・『みんなの言語学入門』の姉妹作です。気楽に楽しんでいただき、ご友人やご家族に、物知り顔で話していただければ、さいわいです。「ねえねえ、こんなの知ってる？」

　この本を書くにあたって、以下の皆様からいろいろ助けていただきました。心より、感謝します。

まずは、執筆にあたって示唆をくださった方々・言語データを提供してくださった方々。Richard Albert 氏、包麗娜氏、İsa Kerem Bayırlı 氏、陳傑雯氏、Gilles Guerrin 氏、Yong-Hun Jeon 氏、川田賢氏、Jeong-Seok Kim 氏、ゼステルパ氏、Sikder Monoare Murshed 氏、呉文亮氏、張超氏。

本書に出てくるイラストはすべて、「かわいいフリー素材集いらすとや」(https://www.irasutoya.com/) からです。運営者のみふねたかし氏に感謝します。一つの制作物につき 20 点（重複はまとめて 1 点）まで商用利用を許可してくださっていることに。

最後に、私の授業に参加してくれた学生のみんな、そして、私の研究室に所属している学生のみんな。

それでは、百人一首第 7 番の安倍仲麿（あべのなかまろ）の歌を欧米風にアレンジし、勢いそのまま、百人一首の世界を駆けぬけて。

天の原 ふりさけ見れば 春日なる 三笠の山に 出でし月 カモーン！

2024 年 8 月

牧 秀樹

地図：この本に出てくる言語の場所*

アイルランド語、ウルドゥ語、英語、韓国語、シンハラ語、スワヒリ語、タミル語、中国語、トルコ語、日本語、ビジ語、フランス語、ベンガル語、モンゴル語

*各言語が話されている場所は、煩雑さを避けるため、完全には網羅されていません。

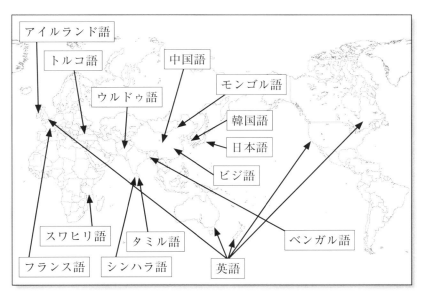

無料白地図：ちびむすドリル小学生（http://happylilac.net/sy-sekaitizu-s3.html）

目　次

まえがき …………………………………………………………… ii

地図：この本に出てくる言語の場所 ………………………………… v

百人一首一覧（簡易） ……………………………………………… viii

参照古典資料概要 …………………………………………………… xiv

1章　はじめに：大事なこと ………………………………… 1
　　　4つのことだけ心に留めて

2章　を主語：日本語とモンゴル語 ………………………… 26
　　　親戚に見える

3章　人称の区別：が・の …………………………………… 40
　　　日本語の中に英語を見た

4章　文の主語 ………………………………………………… 51
　　　日本語の中に英語を見た ＋

5章　係り結び ………………………………………………… 68
　　　英語を超えて

6章　疑問文 …………………………………………………… 102
　　　寂しがり屋で奔放で

vi

目次　vii

7章　連体形仲間 ……………………………………………… 125
　　　親戚がいっぱい

8章　まとめ：百人一首で学べること ………………………… 150
　　　一致がいっぱい

百人一首一覧（詳細） ……………………………………………… 164

参考文献 …………………………………………………………… 198

索　　引 …………………………………………………………… 201

百人一首一覧（簡易）

　本書を読み進める上でわかりやすいように、100の和歌に番号を振っておきます。一般社団法人全日本かるた協会の番号（https://www.karuta.or.jp/karuta-everyday/）にしたがっています。本書の終わりには、100首それぞれのより詳しい内容が掲載されています。途中で気になることがあれば、参考にしてください。

1. 秋の田の かりほの庵の 苫をあらみ 我が衣手は 露にぬれつつ（天智天皇）
2. 春過ぎて 夏来にけらし 白妙の 衣干すてふ 天の香具山　（持統天皇）
3. あしびきの 山鳥の尾の しだり尾の ながながし夜を ひとりかも寝む
（柿本人麻呂）
4. 田子の浦に うち出でて見れば 白妙の 富士の高嶺に 雪はふりつつ
（山部赤人）
5. 奥山に 紅葉踏み分け 鳴く鹿の 声聞くときぞ 秋はかなしき（猿丸大夫）
6. かささぎの 渡せる橋に 置く霜の 白きを見れば 夜ぞふけにける
（中納言家持）
7. 天の原 ふりさけ見れば 春日なる 三笠の山に 出でし月かも（安倍仲麿）
8. 我がいほは 都のたつみ しかぞすむ 世をうぢ山と 人はいふなり
（喜撰法師）
9. 花の色は 移りにけりな いたづらに 我が身世にふる ながめせしまに
（小野小町）
10. これやこの 行くも帰るも 別れては 知るも知らぬも 逢坂の関　（蟬丸）
11. わたの原 八十島かけて 漕ぎ出でぬと 人には告げよ 海人の釣舟（参議篁）
12. 天つ風 雲のかよひぢ 吹きとぢよ をとめの姿 しばしとどめむ（僧正遍昭）
13. 筑波嶺の 峰より落つる みなの川 恋ぞつもりて 淵となりぬる（陽成院）
14. みちのくの しのぶもぢずり たれゆゑに 乱れそめにし 我ならなくに
（河原左大臣）

百人一首一覧（簡易）　　ix

15. 君がため 春の野に出でて 若菜つむ 我が衣手に 雪はふりつつ

（光孝天皇）

16. たち別れ いなばの山の 峰に生ふる まつとし聞かば いま帰りこむ

（中納言行平）

17. ちはやぶる 神代も聞かず 龍田川 からくれなゐに 水くくるとは

（在原業平朝臣）

18. 住の江の 岸による波 よるさへや 夢の通ひ路 人目よくらむ

（藤原敏行朝臣）

19. 難波潟 みじかき葦の ふしの間も 逢はでこの世を 過ぐしてよとや（伊勢）

20. わびぬれば 今はた同じ 難波なる 身をつくしても 逢はむとぞ思ふ

（元良親王）

21. 今来むと いひしばかりに 長月の 有明の月を 待ちいでつるかな

（素性法師）

22. 吹くからに 秋の草木の しをるれば むべ山風を あらしといふらむ

（文屋康秀）

23. 月見れば 千々にものこそ かなしけれ 我が身ひとつの 秋にはあらねど

（大江千里）

24. このたびは 幣もとりあへず 手向山 もみぢの錦 神のまにまに　　（菅家）

25. なにしおはば 逢坂山の さねかづら 人に知られで くるよしもがな

（三条右大臣）

26. 小倉山 峰のもみぢ葉 心あらば 今ひとたびの みゆき待たなむ（貞信公）

27. みかの原 わきて流るる いづみ川 いつみきとてか 恋しかるらむ

（中納言兼輔）

28. 山里は 冬ぞさびしさ まさりける 人目も草も かれぬと思へば

（源宗于朝臣）

29. 心あてに 折らばや折らむ 初霜の おきまどはせる 白菊の花（凡河内躬恒）

30. 有明の つれなく見えし 別れより あかつきばかり 憂きものはなし

（壬生忠岑）

31. 朝ぼらけ 有明の月と 見るまでに 吉野の里に 降れる白雪　　（坂上是則）

32. 山川に 風のかけたる しがらみは 流れもあへぬ もみぢなりけり

（春道列樹）

33. ひさかたの 光のどけき 春の日に しづ心なく 花の散るらむ （紀友則）

34. 誰をかも 知る人にせむ 高砂の 松も昔の 友ならなくに （藤原興風）

35. 人はいさ 心も知らず ふるさとは 花ぞ昔の 香ににほひける （紀貫之）

36. 夏の夜は まだ宵ながら 明けぬるを 雲のいづこに 月宿るらむ

（清原深養父）

37. 白露に 風の吹きしく 秋の野は つらぬきとめぬ 玉ぞ散りける （文屋朝康）

38. 忘らるる 身をば思はず ちかひてし 人の命の 惜しくもあるかな （右近）

39. 浅茅生の 小野の篠原 しのぶれど あまりてなどか 人の恋しき （参議等）

40. しのぶれど 色に出でにけり 我が恋は 物や思ふと 人のとふまで （平兼盛）

41. 恋すてふ 我が名はまだき 立ちにけり 人知れずこそ 思ひそめしか

（壬生忠見）

42. 契りきな かたみに袖を しぼりつつ 末の松山 波越さじとは （清原元輔）

43. あひ見ての 後の心に くらぶれば 昔は物を 思はざりけり （権中納言敦忠）

44. 逢ふことの たえてしなくは なかなかに 人をも身をも 恨みざらまし

（中納言朝忠）

45. あはれとも いふべき人は 思ほえで 身のいたづらに なりぬべきかな

（謙徳公）

46. 由良のとを 渡る舟人 梶を絶え 行方も知らぬ 恋の道かな （曾禰好忠）

47. 八重葎 しげれる宿の さびしきに 人こそ見えね 秋は来にけり （恵慶法師）

48. 風をいたみ 岩うつ波の おのれのみ 砕けて物を 思ふころかな （源重之）

49. みかきもり 衛士のたく火の 夜はもえ 昼は消えつつ 物をこそ思へ

（大中臣能宣）

50. 君がため 惜しからざりし 命さへ 長くもがなと 思ひけるかな （藤原義孝）

51. かくとだに えやはいぶきの さしも草 さしもしらじな もゆる思ひを

（藤原実方朝臣）

52. 明けぬれば 暮るるものとは 知りながら なほ恨めしき 朝ぼらけかな

（藤原道信朝臣）

百人一首一覧（簡易）　xi

53. 嘆きつつ ひとりぬる夜の 明くるまは いかに久しき ものとかはしる

（右大将道綱母）

54. 忘れじの 行末までは 難ければ 今日を限りの 命ともがな （儀同三司母）

55. 滝の音は 絶えて久しく なりぬれど 名こそ流れて なほ聞こえけれ

（大納言公任）

56. あらざらむ この世のほかの 思ひ出に 今ひとたびの あふこともがな

（和泉式部）

57. めぐり逢ひて 見しやそれとも わかぬ間に 雲隠れにし 夜半の月かな

（紫式部）

58. 有馬山 猪名の笹原 風吹けば いでそよ人を 忘れやはする　（大弐三位）

59. やすらはで 寝なましものを 小夜ふけて かたぶくまでの 月を見しかな

（赤染衛門）

60. 大江山 いく野の道の 遠ければ まだふみも見ず 天の橋立 （小式部内侍）

61. いにしへの 奈良の都の 八重桜 けふ九重に にほひぬるかな （伊勢大輔）

62. 夜をこめて 鳥の空音は はかるとも よに逢坂の 関はゆるさじ（清少納言）

63. 今はただ 思ひ絶えなむ とばかりを 人づてならで 言ふよしもがな

（左京大夫道雅）

64. 朝ぼらけ 宇治の川霧 絶えだえに あらはれわたる 瀬々の網代木

（権中納言定頼）

65. うらみわび 干さぬ袖だに あるものを 恋に朽ちなむ 名こそ惜しけれ

（相模）

66. もろともに あはれと思へ 山桜 花よりほかに 知る人もなし

（前大僧正行尊）

67. 春の夜の 夢ばかりなる 手枕に かひなく立たむ 名こそ惜しけれ

（周防内侍）

68. 心にも あらで憂き世に ながらへば 恋しかるべき 夜半の月かな （三条院）

69. あらし吹く 三室の山の もみぢ葉は 龍田の川の 錦なりけり （能因法師）

70. さびしさに 宿を立ち出でて ながむれば いづこも同じ 秋の夕暮

（良暹法師）

71. 夕されば 門田の稲葉 おとづれて 蘆のまろ屋に 秋風ぞ吹く（大納言経信）

72. 音に聞く 高師の浜の あだ波は かけじや袖の 濡れもこそすれ

(祐子内親王家紀伊)

73. 高砂の 尾上の桜 咲きにけり 外山の霞 立たずもあらなむ (前中納言匡房)

74. 憂かりける 人を初瀬の 山おろしよ はげしかれとは 祈らぬものを

(源俊頼朝臣)

75. 契りおきし させもが露を 命にて あはれ今年の 秋もいぬめり (藤原基俊)

76. わたの原 漕ぎ出でて見れば 久方の 雲居にまがふ 沖つ白波

(法性寺入道前関白太政大臣)

77. 瀬をはやみ 岩にせかるる 滝川の われても末に 逢はむとぞ思ふ (崇徳院)

78. 淡路島 かよふ千鳥の 鳴く声に 幾夜寝覚めぬ 須磨の関守 (源兼昌)

79. 秋風に たなびく雲の 絶え間より もれ出づる月の 影のさやけさ

(左京大夫顕輔)

80. 長からむ 心も知らず 黒髪の みだれて今朝は 物をこそ思へ

(待賢門院堀河)

81. ほととぎす 鳴きつる方を ながむれば ただ有明の 月ぞ残れる

(後徳大寺左大臣)

82. 思ひわび さても命は あるものを 憂きにたへぬは 涙なりけり (道因法師)

83. 世の中よ 道こそなけれ 思ひ入る 山の奥にも 鹿ぞ鳴くなる

(皇太后宮大夫俊成)

84. ながらへば またこのごろや しのばれむ 憂しと見し世ぞ 今は恋しき

(藤原清輔朝臣)

85. 夜もすがら 物思ふころは 明けやらで 閨のひまさへ つれなかりけり

(俊恵法師)

86. 嘆けとて 月やは物を 思はする かこち顔なる 我が涙かな (西行法師)

87. 村雨の 露もまだひぬ 真木の葉に 霧立ちのぼる 秋の夕暮 (寂蓮法師)

88. 難波江の 蘆のかりねの ひとよゆゑ みをつくしてや 恋ひわたるべき

(皇嘉門院別当)

89. 玉のをよ たえなばたえね ながらへば 忍ぶることの 弱りもぞする

(式子内親王)

百人一首一覧（簡易）　　xiii

90. 見せばやな　雄島の海人の　袖だにも　濡れにぞ濡れし　色は変はらず

（殷富門院大輔）

91. きりぎりす　鳴くや霜夜の　さむしろに　衣かたしき　ひとりかも寝む

（後京極摂政前太政大臣）

92. 我が袖は　潮干に見えぬ　沖の石の　人こそ知らね　乾く間もなし

（二条院讃岐）

93. 世の中は　常にもがもな　渚漕ぐ　海人の小舟の　綱手かなしも（鎌倉右大臣）

94. み吉野の　山の秋風　小夜ふけて　ふるさと寒く　衣うつなり　　（参議雅経）

95. おほけなく　憂き世の民に　おほふかな　我が立つ杣に　墨染の袖

（前大僧正慈円）

96. 花さそふ　あらしの庭の　雪ならで　ふりゆくものは　我が身なりけり

（入道前太政大臣）

97. 来ぬ人を　まつほの浦の　夕なぎに　焼くや藻塩の　身もこがれつつ

（権中納言定家）

98. 風そよぐ　ならの小川の　夕暮は　みそぎぞ夏の　しるしなりける

（従二位家隆）

99. 人もをし　人もうらめし　あぢきなく　世を思ふゆゑに　物思ふ身は

（後鳥羽院）

100. ももしきや　古き軒端の　しのぶにも　なほあまりある　昔なりけり（順徳院）

参照古典資料概要

　本書では、百人一首の歌を用いて、古語の世界を明らかにしていきますが、その百首だけでは十分ではないと思われる場合には、他の古典資料から例を取ってきたいと思います。以下は、本書で利用した古典文学作品です。

	作品名	情　報
1	うつほ物語	平安時代中期（10 世紀後半）に成立した長編物語で、作者不詳です。
2	大鏡 （おおかがみ）	平安時代後期に成立したとみられる歴史物語で、作者不詳です。
3	落窪物語 （おちくぼ）	10 世紀末頃に成立したとされる物語で、作者不詳です。
4	蜻蛉日記 （かげろう）	平安時代に成立した日記文学で、作者は、藤原道綱母（ふじわらのみちつなのはは）（936? 年-995 年）です。
5	源氏物語	平安時代中期に成立した長編物語（全 54 帖（じょう））で、作者は、紫式部（むらさきしきぶ）（973? 年-1019? 年）です。
6	古今和歌集	醍醐天皇（だいごてんのう）（885 年-930 年）の命により編纂された勅撰和歌集（ちょくせん）で、914 年頃完成したと考えられています。紀友則（きのとものり）（845? 年-907 年）、紀貫之（きのつらゆき）（868? 年-946? 年）、凡河内躬恒（おおしこうちのみつね）（859? 年-925? 年）、壬生忠岑（みぶのただみね）（860? 年-920? 年）の 4 人により編纂されました。
7	続後撰和歌集 （しょくごせんわかしゅう）	後嵯峨院（ごさがいん）の命により編纂された勅撰和歌集で、1248 年に撰進（せんしん）されました。撰者は藤原為家（ふじわらのためいえ）（1198 年-1275 年）です。

xiv

参照古典資料概要　　xv

8	新古今和歌集	後鳥羽院（1180 年-1239 年）の勅命で編纂された勅撰和歌集で、鎌倉時代初期に成立しています。源通具（1171 年-1227 年）、六条有家（1155 年-1216 年）、藤原定家（1162 年-1241 年）、藤原家隆（1158 年-1237 年）、飛鳥井雅経（1170 年-1221 年）、寂蓮（1139 年-1202 年）（途中で没）の 6 人により編纂されました。
9	竹取物語	平安時代前期に成立した物語で、日本最古の物語とされています。作者も、成立年も、不詳です。
10	土佐日記	平安時代に成立した日記文学で、作者は、紀貫之（868? 年-946? 年）です。
11	日本書紀	奈良時代に成立した歴史書で、複数人により編纂されたと見られています。
12	古事記	その序によると、和銅 5 年（712 年）に太安万侶（? 年-723 年）が編纂し、元明天皇（661 年-721 年）に献上されたそうです。
13	枕草子	平安時代中期に成立した随筆で、作者は、清少納言（966? 年-1025? 年）です。1001 年にはほぼ完成したとされています。
14	万葉集	奈良時代末期に成立したとみられる日本最古の和歌集です。

1章　はじめに：大事なこと

言いたいこと：4つのことだけ心に留めて

百人一首を正確に理解する上で、大事なことが4つあります。それは、文の種類、述語の活用、助詞、そして、読みの規則です。以下で、一つずつ見ていきます。

1.1　文の種類

本書を読み進めていくのに都合がいいように、文の種類についてはっきりさせておきたいと思います。結論から言います。大雑把に言って、人間の言語の文の種類は3つだけです。ですから、当然、古語においても3つだけです。

世界中の人間が話す言語においては、文の種類は、3種類しかありません。そして、すべての言語が、この3種類の文を持っています。では、その3種類とは、何でしょうか？　以下の3つです。

(1)　単文

(2)　埋め込み文

(3)　付け足し文

これだけです。

　以下に、それぞれの例を見ていきます。わかりやすさのために、現代の日本語の例を使います。古語においても同じことが当てはまるので。まず、単文から。単文は、（4）のように、述語が、一つだけの文です。述語は、（4）では、「ほめた」です。

　　（4）　イチローが、翔平をほめた。

　次に、埋め込み文を見てみましょう。埋め込み文は、その文自体が述語によって必要とされているような文です。例えば、（5）なら、（6）で［　］に囲まれた部分、（7）なら、（8）で［　］に囲まれた部分が、埋め込み文です。

　　（5）　一平は、イチローが、翔平をほめたと言った。

　　（6）　一平は、[イチローが、翔平をほめたと] 言った。

　　（7）　一平は、イチローが、誰をほめたか知っている。

　　（8）　一平は、[イチローが、誰をほめたか] 知っている。

日本語においては、埋め込み文は、「と」や「か」などの助詞で終わっています。この「と」や「か」を含む文を埋め込み文と呼ぶとすると、単文より、ちょっとだけ、サイズが大きくなります。

　また、[…] の部分を埋め込み文と言うとすると、残りの「一平は、言った」、「一平は、知っている」の部分にも、名前があると便利なので、埋め込み文を取り込んでいると言う意味で、主要部分に当たると考え、主文と言います。用語をまとめると、（9）のようになります。

　　（9）a.　主文　　　　例：一平は、言った
　　　　　b.　埋め込み文　例：イチローが、翔平をほめたと

最後に、付け足し文を見てみましょう。付け足し文は、あってもなくてもいい文のことです。具体例で見てみましょう。

(10)　[イチローが翔平をほめたので]、一平は、泣いた。

(10) では、「ので」を含む [...] で示した部分が、付け足し文で、理由を示す付け足し文になっています。そして、「一平は、泣いた」の部分を、主文と言います。この部分がなく、「イチローが翔平をほめたので」とだけ言われたら、必ず、「それで、どうしたの？」と聞かれます。ですから、「一平は、泣いた」の部分は、絶対に必要な部分で、主文となっています。

それでは、文の種類についてまとめます。(11) に示すように、文の種類は、3つだけ。

(11)　文の種類
    a.　単文
    b.　埋め込み文
    c.　付け足し文

人間言語は、かなり複雑そうに見えるのに、なぜか文の種類は、3つだけです。

1.2　活用

日本語の特徴は、述語が「活用」することです。例えば、動詞「走る」は、以下のように活用します。

(12)　動詞の活用（現代日本語）
    a.　走　ら　ない　　　未然形
    b.　走　り　ます　　　連用形
    c.　走　る　　　　　　終止形

4

    d.　走　る　時　　　　連体形

    e.　走　れ　ば　　　　仮定形

    f.　走　れ　　　　　　命令形

「連用」と「連体」という用語は、あまり日常的に使わないので、少しだけ簡単に説明しておきます。連用形は、「用」に「連なる」という意味で、「用」は、「用言」、つまり、「述語」ですから、述語につながっていくという意味です。簡単に言えば、複合的な述語を作るということです。「走り‒ます」とか、「走り‒出す」などです。連体形は、「体」に「連なる」という意味で、「体」は、「体言」、つまり、「名詞」ですから、名詞を修飾する文に現れます。「走る‒時」とか、「走る‒人」などです。

　同じ活用が、古語にも見られます。ただし、現代日本語で「仮定形」と呼ばれているものが、「已然形」と呼ばれています。

(13)　動詞の活用（古語）

    a.　走　ら　ず　　　　未然形

    b.　走　り　けり　　　連用形

    c.　走　る　　　　　　終止形

    d.　走　る　時　　　　連体形

    e.　走　れ　ば　　　　已然形

    f.　走　れ　　　　　　命令形

(12) も (13) も、「らりるるれれ」と、動詞の形が変わっています。これを活用と言います。より正確には、現代日本語の「走る」は、五段活用の動詞、古語の「走る」は四段活用の動詞と言われています。というのは、意志を示す場合、現代日本語では、「走‒ろ‒う」、古語では、「走‒ら‒む」となり、現代日本語の場合は、「ろ」も活用の一部になり、「らりるれろ」の５つが活用の一部になるからです。古語では、「らりるれ」の４つです。

　一点注意することがあります。もう一つ、「て形」という形があります。

1章　はじめに：大事なこと　　5

「走る」を例に取ると、「走って」となり、「っ」が「らりるれろ」に入っていないので、厳密には、「走る」は、五段活用の動詞ではないと言えるかもしれません。しかしながら、以下では、話を複雑にしないために、「走る」は、五段活用の動詞だとしておきたいと思います。ちなみに、古語では、「走る」の「て形」は、「走りて」となり、四段活用に収まっています。

　続いて、日本語は、形容詞も活用します。例えば、形容詞「美しい」は、以下のように活用します。

(14)　形容詞の活用
　　　a.　美し　かろう　　　　未然形
　　　b.　美し　く・かっ　　　連用形
　　　c.　美し　い　　　　　　終止形
　　　d.　美し　い時　　　　　連体形
　　　e.　美し　ければ　　　　仮定形

(14) では、「かくいいけ」と活用しています。

　古語の形容詞も活用します。例えば、形容詞「美し」は、以下のように活用します。

(15)　形容詞の活用（古語）
　　　a.　美し　く・から　　　未然形
　　　b.　美し　く・かり　　　連用形
　　　c.　美し　　　　　　　　終止形
　　　d.　美し　き・かる時　　連体形
　　　e.　美し　けれ　　　　　已然形

(15) では、「かきくけ」と活用しています。

　最後に、日本語は、助動詞も活用します。助動詞は、動詞などの後に来ます。古語の例を見てみましょう。完了を示す「たり」の例です。

6

 (16) 助動詞の活用（古語）

   a. 走り たら   未然形

   b.   連用形

   c. 走り たり   終止形

   d. 走り たる時 連体形

   e. 走り たれ   已然形

「らりるれ」と活用しています。

 一方、現代語においては、過去や完了を示す助動詞「た」は、活用していないような状態です。

 (17) 助動詞の活用（現代日本語）

   a.   未然形

   b.   連用形

   c. 走っ た   終止形

   d. 走っ た時   連体形

   e. 走っ たら   仮定形

 まとめます。日本語は、現代語において、動詞と形容詞が、また、古語において、動詞、形容詞、助動詞が、はっきりした形で活用します。

1.3　助詞

 続いて、助詞を見てみましょう。百人一首を正確に理解する上で、大事になってくるのは、2種類の助詞です。係助詞と格助詞です。以下、順番に見ていきます。

1.3.1　係助詞

 5章で詳しく見るように、古語には、係り結びというおもしろい現象が

あります。その係り結びに直接関係してくるのが、係助詞です。本書では、わかりやすさのために、係り結びを引き起こす助詞だけを、係助詞と呼びます。係り結びは、簡単に言うと、文中のある要素とある要素が互いに求めあっているような現象です。係り助詞には、「ぞ」、「なむ」、「や」、「か」、「こそ」の5つがあります。そして、最初の4つが文の中に出てきたら、その述語は、連体形に、また、「こそ」が出てきたら、その述語は、已然形にならなければなりません。

(18) 係助詞と対応する活用形
  a. ぞ   連体形
  b. なむ 連体形
  c. や   連体形
  d. か   連体形
  e. こそ 已然形

具体例として、「ぞ」の例と「こそ」の例を見てみましょう。まず、「ぞ」の例。百人一首5番の猿丸太夫（さるまるだいふ）の歌です。

(19) 奥山に 紅葉踏み分け 鳴く鹿の 声聞くとき ぞ 秋はかなし き

番号	5
作者	猿丸太夫（さるまるだいふ）（生没年不詳）
読み方	おくやまに　もみじふみわけ　なくしかの　こえきくときぞ　あきはかなしき
意味	奥深い山に紅葉をふみわけて入る。そこで鳴いている鹿の声を聞く時ほど、秋は悲しいと感じる時はない。

(19)では、文末近くに、「ぞ」が現れ、文末の述語は、形容詞「かなし」の連体形「かなしき」に変換されています。この係助詞「ぞ」と形容詞の間には、親密な関係があるということです。

8

続いて、「こそ」の例。百人一首 80 番の待賢門院堀河（たいけんもんゐんのほりかわ）の歌です。

(20)　長からむ 心も知らず 黒髪の みだれて今朝は 物を こそ 思へ

番号	80
作者	待賢門院堀河（たいけんもんゐんのほりかわ）（生没年不詳）
読み方	ながからん　こころもしらず　くろかみの　みだれてけさは ものをこそおもえ
意味	あなたの心が末永く変わらぬかどうかわからず、私の心は、黒髪のように乱れ、今朝は物思いに沈んでいる。

(20) では、ほぼ文末に、「こそ」が現れ、その直後の述語は、動詞「思ふ」の已然形「思へ」に変換されています。この係助詞「こそ」と動詞の間には、(19) の場合と同様に、親密な関係があるのです。

1.3.2　格助詞

現代日本語にも、古語にも、格助詞と言われるものがあります。文の中の名詞と述語の関係、あるいは、名詞と名詞の関係を示す上で重要な役割を果たします。本書では、以下の 4 つだけを心に留めていきます。

(21)　格助詞
　　　a.　を
　　　b.　が
　　　c.　の
　　　d.　0

(21d) は、ちょっと説明が必要です。0（ゼロ）は、音がない助詞だと考えてください。音がないものなんて、存在していないのだから、意味ないなあと最初は思えますが、後々に、これがあると意外と便利な場合がある

ので、これを想定していきます。

　古語と現代日本語におけるこれらの格助詞の性質の違いを明確にするために、(21a-d) の例を現代日本語で見ておきます。最も理解しやすいように、最も基本的な例だけを見ていきます。

(22)　翔平を ほめた人は、イチローです。

(23)　イチローが ほめた人は、翔平です。

(24)　ラーメンが うまい店は、この店です。

(25)　ラーメンの うまい店は、この店です。

(26)　翔平の グローブ

(27)　新庄監督、オフの取り組み「不合格」なら即 2 軍落ち示唆

(28)　オフの取り組みが 不十分で「不合格」と見なせば即、国頭で行う 2 軍キャンプ行きを示唆した。
　　　日刊スポーツ電子版［2023 年 1 月 4 日 6 時 0 分］
　　　https://www.nikkansports.com/baseball/news/202301030000706.html

まず、(22) から。格助詞「を」は、「翔平を」の「を」に見られるように、述語「ほめた」の目的語であることを示しています。続いて、(23) と (24)。格助詞「が」は、「イチローが」と「ラーメンが」の「が」に見られるように、述語「ほめた」と「うまい」の主語であることを示しています。おもしろいことに、(25) において、格助詞「の」は、「ラーメンの」の「の」に見られるように、述語「うまい」の主語であることを示しています。「が」だけかと思ったら、「の」も主語を示すんですね。続いて、(26) を見てみましょう。(26) では、(25) で主語であった「の」が、その右隣りに来る名詞の所有者を表しています。「の」は、主語だけではなく、所

有者という意味も持っているんですね。最後に、(27) と (28) を見てみましょう。(27) は、オンラインニュースのタイトルです。(27) の「… オフの取り組み「不合格」なら」の部分に注目してください。このタイトルの下には、(28) の記事が続いています。「… オフの取り組みが不十分で「不合格」と見なせば」(28) では、「オフの取り組み」に格助詞「が」が付いています。一方、タイトルの (27) には、「オフの取り組み」には、格助詞「が」が付いていません。このように、一般的には、「が」が付いている方が安定しているような文も、タイトルのように短く提示するような場合は、「が」が落ちることがあります。しかし、読み手は、ここに「が」が置かれても、まったく違和感を感じません。ということは、言ってみれば、ここに、音がない「が」、それをもし、(21d) の 0 のように表すなら、そういうものがあると想定しても、全く問題ないことになります。現代日本語では、このように格助詞「が」が音声として出現しないことは、タイトルのような例では見かけますが、古語においては、どうなんでしょうか？ 実は、古語では、かなり普通に、「が」が付かずに、主語が現れます。

　それでは、これらの事実を念頭に、百人一首の例を用いて、古語の例を見てみましょう。まず、(29) においては、「月を見し」の部分に注目してください。「月を見た」という意味です。現代日本語と同じように、目的語に「を」が付いています。

(29)　やすらはで 寝なましものを 小夜ふけて かたぶくまでの 月を見
　　　しかな

番号	59
作者	赤染衛門（あかぞめゑもん）(958? 年-? 年)
読み方	やすらわで　ねなましものを　さよふけて　かたぶくまでの つきをみしかな
意味	あなたが来ないと知っていたら、ためらわずに寝てしまえばよかったのに、結局、明け方の月が西に傾くまで眺めてしまった。

1章　はじめに：大事なこと　　11

　続いて、(30) の、「我が立つ杣」に注目してください。意味は、「私が
たっている山」です。主語「我（わ）」に、格助詞「が」が付いています。

(30)　おほけなく　憂き世の民に　おほふかな　我 が 立つ杣に　墨染の袖

番号	95
作者	前大僧正慈圓（さきのだいそうじようじゑん）(1155 年-1225 年)
読み方	おおけなく　うきよのたみに　おおうかな　わがたつそまに　すみぞめのそで
意味	身のほど知らずであるが、被いかけよう、つらそうにしている世の中の人々の上に。私が今立っている比叡山、そこに私は住み始めたのだが、そこで僧侶がまとう墨染めの袖を。

　続いて、(31) の、「千鳥の　鳴く声」に注目してください。意味は、「千
鳥が鳴く声」です。主語「千鳥」に、格助詞「の」が付いています。

(31)　淡路島 かよふ千鳥 の 鳴く声に　幾夜寝覚めぬ　須磨の関守

番号	78
作者	源兼昌（みなもとのかねまさ）(生没年不詳)
読み方	あわじしま　かよふちどりの　なくこえに　いくよねざめぬ　すまのせきもり
意味	淡路島から渡ってくる千鳥の鳴き声に、幾晩目を覚ましたことか、この須磨の関所の関守は。

　続いて、(32) の、「海人（あま）の小舟」に注目してください。意味は、
「漁師の小舟」です。「海人（あま）」に、格助詞「の」が付いています。「小
舟」の所有者です。

(32)　世の中は　常にもがもな　渚漕ぐ　海人|の|小舟の　綱手かなしも

番号	93
作者	鎌倉右大臣（かまくらのうだいじん）（1192 年–1219 年）
読み方	よのなかは　つねにもがもな　なぎさこぐ　あまのおぶねの　つなでかなしも
意味	この世の中が、いつまでも変わらぬものであってほしい。海に出る漁師の小舟が、綱で岸につながれている風情がいとしいから。

　最後に、（33）の、「桜　咲きにけり」に注目してください。意味は、「桜が咲いた」です。

(33)　高砂の　尾上の|桜|咲きにけり　外山の霞　立たずもあらなむ

番号	73
作者	権中納言匡房（ごんちゆうなごんまさふさ）（1041 年–1111 年）
読み方	たかさごの　おのえのさくら　さきにけり　とやまのかすみ　たたずもあらなん
意味	高砂にある山に桜が咲いた。手前の山の霞よ、どうか立たないでいてくれ。

主語「桜」に、格助詞「が」（あるいは、格助詞「の」）が付いていません。現代日本語における（27）の「… オフの取り組み「不合格」なら」と同じように、主語に格助詞「が」が付いていない例です。このような例は、古語では、何かのタイトルではなくても、普通にありました。これが実際何を意味するのか、4 章で見ます。

1.4　読みの規則

　古語で書かれた文字の読み方は、現代日本語と少し違っています。大雑把に言うと、違いが9つあります。古語の読み方を現代日本語の読み方

1章　はじめに：大事なこと　13

に直す 9 つの規則を見ていきましょう。

(34)　古語の読み方を現代日本語の読み方に直す 9 つの規則

変化	規則	元	変更後
文字だけ	1	ぢ・づ ji・zu	じ・ず ji・zu
	2	ゐ・ゑ・を（助詞以外） i・e・o	い・え・お i・e・o
主に子音	3	む m	ん n
	4	語頭と助詞以外の は・ひ・ふ・へ・ほ ha・hi・hu・he・ho	わ・い・う・え・お wa・i・u・e・o
主に母音	5	あふ → あう → おう → おお ahu → au → ou → oo	おー ō
	6	いふ → いう → ゆう ihu → iu → yuu	ゆー yū
	7	えふ → えう → よう → よお ehu → eu → you → yoo	よー yō
	8	おふ → おう → おお ohu → ou → oo	おー ō
	9	くわ・ぐわ kuwa・guwa	か・が ka・ga

(34) の表の中に、「母音」と「子音」という用語があります。これをひと
まず明確にしておきましょう。最も簡単に言うと、母音は、「あ・い・う・
え・お」、ローマ字で書けば、「a・i・u・e・o」の音です。子音は、それ以
外と考えておきましょう。もう少し詳しく言うと、母音は、その音を発生
させる際、舌、唇、歯などで、息が通っていくのを止めません。「あ・い・

う・え・お」と言う際に、舌は、口の中のどこにも触れていません。唇も開いたままです。また、舌は、歯や唇にさわっていません。それに対して、子音は、その音を発生させる際、舌、歯、唇などで、息が通っていくのを、完全に、あるいは、部分的に止めたりします。例えば、「ぱ」と言う時、これは、子音と母音 [p+a] の組み合わせになっていますが、[p] の段階で、唇が閉じています。こうやって、息が完全に通るのを遮っています。

　もう一つ、ōやūのように、母音の上に、線がある音があります。これは、「おー」と「うー」という具合に長く読むと考えてください。長母音と言います。

　それでは、(34) の表の中の規則を、百人一首の例から、一つずつ、見て行きましょう。第一に、文字だけ変える規則を二つ。

(35)　ぢ・づ → じ・ず

この規則では、ただ、文字を変えるだけで、音声に変化はありません。まず、この規則から。

　　　ぢ → じ

(36)　小倉山 峰のもみ ぢ 葉 心あらば 今ひとたびの みゆき待たなむ

番号	26
作者	貞信公 (ていしんこう) (880 年-949 年)
読み方	おぐらやま　みねのもみじば　こころあらば　いまひとたびの みゆきまたなん
意味	小倉山の峰の紅葉の葉よ、お前に心があるならば、もう一度陛下がいらっしゃるまで散らずに待ってくれないか。

「もみぢ」を、「もみじ」と書き直しただけです。
　続いて、この規則。

1章　はじめに：大事なこと　　15

づ → ず

(37)　花の色は 移りにけりな いた づ らに 我が身世にふる ながめせしまに

番号	9
作者	小野小町（をののこまち）（平安時代前期）
読み方	はなのいろは　うつりにけりな　いたずらに　わがみよにふる　ながめせしまに
意味	花の色はすっかり色あせてしまった。私がぼんやりとこの世を過ごしているうちに、私が降り続く長雨を眺めているうちに。

「いたづら」を、「いたずら」と書き直しただけです。

　次も、文字を変える規則です。音声に変化はありません。

(38)　ゐ・ゑ・を → い・え・お

(38) の最初の二つのひらがな「ゐ・ゑ」は、現在では基本的には使っていません。それでは、まずは、この規則から。

　　　ゐ → い

(39)　ちはやぶる 神代も聞かず 龍田川 からくれな ゐ に 水くくるとは

番号	17
作者	在原業平朝臣（ありはらのなりひらあそん）（825 年-880 年）
読み方	ちはやぶる　かみよもきかず　たつたがわ　からくれないに　みずくくるとは
意味	神代の昔にも聞いたことがない。龍田川を紅葉で紅に染めあげるとは。

「くれなゐ」を、「くれない」と書き直しただけです。

　続いて、この規則。

ゑ → え

(40) みちのくの しのぶもぢずり たれゆ｜ゑ｜に 乱れそめにし 我ならな
くに

番号	14
作者	河原左大臣（かはらのさだいじん）（825 年-880 年）
読み方	みちのくの　しのぶもじずり　たれゆえに　みだれそめにし われならなくに
意味	奥州特産の染め物の模様が乱れているように、誰のせいで私の 心が乱れ始めてしまったのか。私のせいではないのに。

「ゆゑ」を、「ゆえ」と書き直しただけです。

最後に、この規則。

を → お

(41) 天つ風 雲のかよひぢ 吹きとぢよ ｜を｜とめの姿 しばしとどめむ

番号	12
作者	僧正遍昭（そうじやうへんじよう）（816 年-890 年）
読み方	あまつかぜ　くものかよいじ　ふきとじよ　おとめのすがた しばしとどめん
意味	天を吹く風よ、雲の中の通り道を吹き閉じてくれ。乙女たちの 姿を、しばらくここに留めておきたいから。

「をとめ」を、「おとめ」と書き直しただけです。

第二に、主に子音だけに関係する規則です。二つあります。まず、この
規則から。

(42) む → ん

「む (mu)」が出てきたら、「ん (n)」に変更する規則です。具体例を見て

みましょう。

(43)　あしびきの 山鳥の尾の しだり尾の ながながし夜を ひとりかも寝[む]

番号	3
作者	柿本人麿（かきのもとのひとまろ）（816年-890年）
読み方	あしびきの　やまどりのおの　しだりおの　ながながしよを ひとりかもねん
意味	山鳥の垂れ下がった尾のように長い夜を、ひとり寂しく寝るの だろうか。

「寝む」を「寝ん」という具合に、書き直して発音します。

　次は、「は行」の音「ha・hi・hu・he・ho」の母音の前に置かれた子音 「h」に変更を加える規則です。

(44)　語頭と助詞以外のは・ひ・ふ・へ・ほ　→　わ・い・う・え・お

「は・ひ・ふ・へ・ほ」のうち、語頭に現れるもの（例えば、「春（はるの 「は」）」と、助詞として機能するもの（例えば、「私は」の「は」）以外のも のに関して、この規則がかかります。まずは、この規則から。

　　　　は　→　わ

(45)　難波潟 みじかき葦の ふしの間も 逢[は]でこの世を 過ぐしてよとや

番号	19
作者	伊勢（いせ）（872年-938?年）
読み方	なにわがた　みじかきあしの　ふしのまも　あわでこのよを すぐしてよとや
意味	難波潟に生えている葦の、節と節の間のように短い時間でも、 あなたに逢わずにこの世を過ごせと言うのでしょうか。

「逢はで（a-ha-de）」を「逢わで（a-wa-de）」という具合に、書き直して発

音します。

　続いて、この規則。

　　　ひ → い

(46)　今来むと い ひ しばかりに 長月の 有明の月を 待ち出でつるかな

番号	21
作者	素性法師（そせいほうし）（生没年不詳）
読み方	いまこんと　いいしばかりに　ながつきの　ありあけのつきを まちいでつるかな
意味	「今行こう」とあなたが言ったばかりに、九月の有明の月が出る まで待つことになってしまった。

「言ひし（i-hi-shi）」を「言いし（i-i-shi）」という具合に、「h」を削除して、
書き直します。

　続いて、この規則。

　　　ふ → う

(47)　たち別れ いなばの山の 峰に生 ふ る まつとし聞かば いま帰りこむ

番号	16
作者	中納言行平（ちゆうなごんゆきひら）（生没年不詳）
読み方	たちわかれ　いなばのやまの　みねにおうる　まつとしきかば いまかえりこん
意味	あなたと別れて行きますが、いなば山の峰に生えている松のよ うに、あなたが待っていると聞いたなら、すぐにでも帰ってま いります。

「生ふる（o-hu-ru）」を「生うる（o-u-ru）」という具合に、「h」を削除して、
書き直します。

1章　はじめに：大事なこと　　19

続いて、この規則。

　　　へ → え

(48)　住の江の 岸による波 よるさ へ や 夢の通ひ路 人目よくらむ

番号	18
作者	藤原敏行朝臣（ふぢはらのとしゆきあそん）（? 年-901? 年）
読み方	すみのえの　きしによるなみ　よるさえや　ゆめのかよいじ　ひとめよくらん
意味	住の江の岸に打ち寄せる波のように、どうして夢の中でさえ、あなたは人目をはばかって会ってはくれないのだろう。

「さへ (sa-he)」を「さえ (sa-e)」という具合に、「h」を削除して、書き直します。

最後に、この規則。

　　　ほ → お

(49)　明けぬれば 暮るるものとは 知りながら な ほ 恨めしき 朝ぼらけ かな

番号	52
作者	藤原道信朝臣（ふぢはらのみちのぶあそん）（972 年-994 年）
読み方	あけぬれば　くるるものとは　しりながら　なおうらめしき　あさぼらけかな
意味	夜が明ければ、また日が暮れるとは知っていながら、やはり、恨めしいのは、あなたと別れる夜明けであるよ。

「なほ (na-ho)」を「なお (na-o)」という具合に、「h」を削除して、書き直します。

第三に、主に母音だけに関係する規則です。5 つあります。では、ま

ず、この規則から。

(50)　あふ → あう→ おう→ おお→ おー

　　　　ahu → au → ou → oo → ō

「あふ（ahu）」が出てきたら、「h」を削除して、「あう（au）」にし、その後、二つの母音を「おう（ou）」にし、その後、「おお（oo）」にし、最終的に、「おー（ō）」にまで変化させます。文字自体は、「おう」ですが、発音は、「おー」という意味です。

(51)　これやこの 行くも帰るも 別れては 知るも知らぬも 逢坂の関

番号	10
作者	蟬丸（せみまる）（生没年不詳）
読み方	これやこの　ゆくもかえるも　わかれては　しるもしらぬも　おうさかのせき
意味	これが例の逢坂の関だ。東国へ行く人も都へ帰る人もここで別れ、また、知っている人も知らない人もここで会うという関。

「逢坂（あふさか）（a-hu-saka）」を、まず、「h」を削除して、「逢坂（あうさか）（a-u-saka）」とし、その後、「逢坂（おうさか）（o-u-saka）」とし、さらに、「逢坂（おおさか）（o-o-saka）」とし、最終的に、「逢坂（おーさか）（ō-saka）」と発音します。実際は、(51) の読み方のところでは、「おうさか」と書いてありますが、日本語では、「王様（おうさま）」という語も、普通に発音すれば、「王様（おーさま）」となります。そのようなことが起きていると考えてください。文字は、「おう」ですが、発音は、「おー」という意味です。

　次の規則は、これです。

(52)　いふ → いう→ ゆう→ ゆー

　　　　ihu → iu → yuu → yū

「いふ（ihu）」が出てきたら、「h」を削除して、「いう（iu）」にし、その後、母音の「i」を、「yu」に変えて「ゆう（yuu）」にし、最終的に、「ゆー（yū）」にまで変化させます。文字自体は、「いう」ですが、発音は、「ゆー」という意味です。

(53)　あはれとも　い ふ べき人は　思ほえで　身のいたづらに　なりぬべきかな

番号	45
作者	謙徳公（けんとくこう）（924 年-972 年）
読み方	あわれとも　　いうべきひとは　　おもおえで　　みのいたずらに　なりぬべきかな
意味	私のことを哀れだと言ってくれそうな人は、いると思えない。きっと私はむなしく死んでしまうのだろうな。

「いふ（i-hu）」を、まず、「h」を削除して、「いう（i-u）」とし、その後、「ゆう（yu-u）」とし、最終的に、「ゆー（yū）」と発音します。実際は、(53) の読み方のところでは、「いう」と書いてありますが、日本語では、「言う」という語を普通に発音すれば、自分では、「いう」と発音しているつもりでも、「ゆー」と聞こえがちになります。そのようなことが起きていると考えてください。文字は、「いう」ですが、発音は、「ゆー」という意味です。

　次の規則は、これです。

(54)　えふ → えう→ よう→ よお → よー

　　　ehu → eu → you → yoo → yō

「えふ（ehu）」が出てきたら、「h」を削除して、「えう（eu）」にし、その後、母音の「e」を、「yo」に変えて「よう（you）」にし、その後、「よお（yoo）」にし、最終的に、「よー（yō）」にまで変化させます。文字自体は、「よう」

ですが、発音は、「よー」という意味です。

(55)　いにしへの　奈良の都の　八重桜　け[ふ]九重に　にほひぬるかな

番号	61
作者	伊勢大輔（いせのおおすけ）（生没年不詳）
読み方	いにしえの　ならのみやこの　やえざくら　きょうここのえに　においぬるかな
意味	かつて奈良の都で咲いていた八重桜が、今日はここ宮中で咲いている。

「けふ (k-ehu)」を、まず、「h」を削除して、「けう (k-eu)」とし、その後、「きょう (k-you)」とし、さらに、「きょう (k-yoo)」とし、最終的に、「きょう (k-yō)」と発音します。実際は、(55) の読み方のところでは、「きょう」と書いてありますが、日本語では、「きょう」という語を普通に発音すれば、自分では、「きょう」と発音しているつもりでも、「きょー」と聞こえがちになります。そのようなことが起きていると考えてください。文字は、「きょう」ですが、発音は、「きょー」という意味です。

　もう一つ、同様の例も見ておきたいと思います。こういう音の変更は、初めて見ると、見当もつかないので。

(56)　春過ぎて　夏来にけらし　白妙の　衣干すて[ふ]　天の香具山

番号	2
作者	持統天皇（ぢとうてんのう）（645 年–702 年）
読み方	はるすぎて　なつきにけらし　しろたえの　ころもほすちょう　あまのかぐやま
意味	春が過ぎて夏が来たらしい。「夏になると衣を干す」という天の香具山に、衣が干してあるから。

「てふ (t-ehu)」を、まず、「h」を削除して、「てう (t-eu)」とし、その後、

「てょう (t-you)」とします。ここで、日本語では、「てょう (t-you)」という音は、無理をしなければ、普通言わないので、「ちょう (t-you)」となると考えてください。そして、ここから、さらに、「ちょお (t-yoo)」とし、最終的に、「ちょー (t-yō)」と発音します。実際は、(56) の読み方のところでは、「ちょう」と書いてありますが、日本語では、「ちょう」という語を普通に発音すれば、自分では、「ちょう」と発音しているつもりでも、「ちょー」と聞こえがちになります。そのようなことが起きていると考えてください。文字は、「ちょう」ですが、発音は、「ちょー」という意味です。

続いて、この規則。

(57)　おふ → おう→ おお→ おー
　　　　ohu → ou → oo → ō

「おふ (ohu)」が出てきたら、「h」を削除して、「おう (ou)」にし、その後、「おお (oo)」にし、最終的に、「おー (ō)」にまで変化させます。「おもう」の場合、文字自体は、「もう」ですが、発音は、「もー」です。

(58)　風をいたみ 岩うつ波の おのれのみ 砕けて物を 思ふ ころかな

番号	48
作者	源重之（みなもとのしげゆき）(? 年–1000? 年)
読み方	かぜをいたみ　いわうつなみの　おのれのみ　くだけてものを おもうころかな
意味	風が強いので、岩に打ちつける波が砕け散るように、私の心も砕け散り、もの思いにふけるこのごろだ。

最後に、この規則。

(59)　くわ・ぐわ → か・が
　　　　kuwa・guwa → ka・ga

[kuwa/guwa] がでてきたら、真ん中の二つの音 [uw] が消えて、[ka/ga] となります。百人一首中には、この音の変化を含む例はありません。そこで、『枕草子』と『土佐日記』から一つずつ例を見てみましょう。まずは、これから。

　　　　くわ → か

(60)　官人
　　　　くゎん-にん → かん-にん
　　　　kuwan-nin → kan-nin

[kuwan] の間の [uw] が脱落し、[kan] となっています。『枕草子』に出てきます。

(61)　主殿寮の官人の御きよめに参りたる
　　　　'宮内省の役人たちで雪かきに参上したもの'

（枕草子・83 段）

次は、これ。

　　　　ぐわ → が

(62)　願立つ
　　　　ぐゎん-たつ
　　　　guwan-tatsu → gan-tatsu

[guwan] の間の [uw] が脱落し、[gan] となっています。『土佐日記』に出てきます。

(63)　二十二日に、和泉の国までと、平らかに 願 立つ。
　　　　'二十二日に、和泉の国（大阪府南部）まではと、無事に到着できるよう祈る。'　　　　　　　　　　　　（土佐日記）

以上が、古語の読み方を現代日本語の読み方に直す9つの規則です。わからなくなったら、この章に戻ってくるといいです。

2章　を主語：日本語とモンゴル語の関係

言いたいこと： **親戚に見える**

　百人一首は、和歌を集めたものです。和歌だから、日本語です。ところが、100 の和歌のうちの 3 つに、モンゴル語に特徴的な表現が入っています。モンゴル語は、モンゴル諸語に属する言語です。真実はどうであれ、これらの歌を見ると、日本語とモンゴル語が親戚だと言っても、それほど不思議に感じないかもしれません。

　日本語とモンゴル語が親戚かどうか確認するにあたって、また、以下の章においても重要になるので、文の中の「主語」について、定義しておきたいと思います。以下は、牧（2023）『象の鼻から言語学』の一部を参考にしています。

　文の中から、主語を見つけるには、二つのテストが役に立ちます。

(1)　主語発見テスト
　　a.　んだってテスト
　　b.　のはテスト

まずは、(1a) の「んだってテスト」。

(2)　んだってテスト：必要語を見つける

「んだってテスト」は、脳の中の辞書に、自分が相談するテストです。脳

の中の辞書っていったいなんだ？　実は、ほぼ、書店に並んでいる辞書と
同じことです。ある語を辞書で引けば、その語の品詞がまず書いてありま
す。そして、その語を使った例文まで書いてくれています。詳しい辞書な
ら、動詞なら、自動詞・他動詞の区別まで書いてくれています。

　例えば、動詞「食べる」を例として。「食べたんだって」と聞けば、必
ず、食べた人と、食べられたもののことが気になります。そして、この気
になったことに対応する語が、必要語です。この動詞にとって、なくては
ならないものです。ですから、

(3)　動詞
　　　食べる

(4)　必要語
　　a.「食べる人」を表す語
　　b.「食べられるもの」を表す語

となります。(5) の例では、

(5)　翔平が　おにぎりを　食べた。

動詞「食べた」の必要語は、「翔平が」と「おにぎりを」です。これらは、
絶対必要な語ですから、次の例のように、削除できません。以下では、文
の先頭につけられた ＊ という記号は、その文が、だめな文であることを
示します。

(6) ＊翔平が　食べた。

(7) ＊おにぎりを　食べた。

(8) ＊食べた。

それに対して、(9) の文においては、

28

(9)　翔平が、今日、バターボックスで　おにぎりを　食べた。

「食べたんだって」と聞いて、いきなり、「いつ？」とか「どこで？」と聞き返す人はかなり稀であることから、「今日」と「バターボックスで」は、必要語であるとは言えません。これらは、付け足し語と言います。

　「んだってテスト」だけでは、どの語が主語かわかりません。主語を見分けるためには、その定義 (10) の中の「のはテスト」を知らなければならないからです。「のはテスト」は、(1b) に出てきました。

(10)　主語

　　　a.　文（単文・埋め込み文・付け足し文）の中で、必要語が一つしかない時、その必要語を主語と呼ぼう。

　　　b.　文（単文・埋め込み文・付け足し文）の中で、必要語が二つ以上ある時、その必要語に付いている助詞が、「のはテスト」によって、「が」に置き換えられる必要語を主語と呼ぼう。

　では、「のはテスト」ってなんでしょう？

(11)　のはテスト：主語を見つける

例えば、(12) のような文において、

(12)　翔平が　ホームランを　打った。

「翔平」が聞き手にとって、まったく知らない人であれば、ちょっと唐突な感じがします。一方、(13) のような文においては、

(13)　翔平は　ホームランを　打った。

「翔平」は、(13) が話される前に、すでに、その話の中で話題となっているんだなと感じられます。既にみんなが知っている人物だということです。そこで、(12) の「翔平」の唐突感や、(13) の「翔平」の既出感をな

るべく排除して、単純に、(12) と (13) の文の、何にも影響を受けていない状況を見るために、「のは」を使うのです。具体的には、

(14) [翔平が　ホームランを　打った] のは、本当だ。

の [...] の部分、つまり、「のは」の前に置かれている部分は、「翔平」に関しての唐突感や既出感がほぼ感じられません。

　これが、「のはテスト」です。「のはテスト」は、(14) のように、[...] の中に文全体が含まれていてもいいし、(15) のように、[...] の一部が、「のは」の後ろに置かれてもかまいません。

(15) [翔平が打った] のは、ホームランだ。

(14) にしても、(15) にしても、[...] における「翔平が」の部分には、ほぼ唐突感や既出感がないからです。

　この唐突感・既出感を、「のはテスト」によって排除した上で、はじめて、主語を探すことができるようになります。主語の定義 (10b) をより正確に言えば、「のはテスト」の結果できあがってきた文の必要語に、「が」を付けてみて、その結果が、日本語として問題なければ、それが「主語」だということです。(15) は、「翔平」に「が」を付けてみて、結果的に、同じ (15) になり、(15) は、全く問題ない日本語の文であるので、「翔平が」が主語となります。一方、(16) を「のはテスト」で作った場合、

(16) [ホームランを打った] のは、翔平だ。

(16) の「ホームラン」に「が」を付けてみると、

(17) *[ホームランが打った] のは、翔平だ。

さっぱりだめな文ですから、「ホームラン」は、この文の主語ではないことがわかります。

　では、主語の定義 (10) を心に持って、百人一首の例を見ていきましょ

う。第38代天皇である天智天皇の歌だとされている一首です。

（18）　秋の田の かりほの庵の 苫を あらみ 我が衣手は 露にぬれつつ

番号	1
作者	天智天皇（てんぢてんのう）（626年-672年）
読み方	あきのたの　かりおのいおの　とまをあらみ　わがころもでは つゆにぬれつつ
意味	秋の田の脇に小屋を建てた。その小屋の屋根を覆うむしろの編み目が粗いので、私の着物の袖は露にぬれている。

この首の中の注目点は、以下です。

（19）　苫をあらみ

まず、「苫」って何でしょうか。苫はスゲやカヤで編んだ菰（むしろ）のことです。（19）の意味は、（20）です。

（20）　むしろの編み目が粗いので

「あらみ」の「あら」は、古語の「粗し」という形容詞です。「み」は、「ので」という意味。では、この付け足し文の主語は、何でしょうか？ んだってテストをしてみましょう。

（21）　粗いんだって？　何が？

となりますから、必要語は、「何が」に対応する一つだけ。となると、主語は、

（22）　苫が（実際には、苫を）

となります。主語に「を」が付いています。何が起きているんでしょうか？　現代日本語では、全くこんな言い方はできません。

(23) *苦をあらいので

実際、世界の言語を見てみても、付け足し文の主語に、「を」というような対格が現れる言語は、ほぼありません。ところが、一つ、明確にそういう現象を示す言語があるんです。モンゴル語です。以下の例は、すべて内モンゴルで話されている現代モンゴル語からの例です。Maki et al.（2015）からの例を部分的に修正しています。

　まず、現代モンゴル語の状況を知るために、（24）の例から始めましょう。

(24)　Baɣatur　Ulaɣan-i　　maɣtajai.　（ローマ字で書いた場合）
　　　バートル　ウラーン-を　ほめた　　　（各単語の意味）
　　　'バートルがウラーンをほめた。'　　（文全体の意味）

主語「バートル」、目的語「ウラーン-を」、そして、動詞「ほめた」で、日本語と同じです。少し違う点は、主語に、「が」に当たる助詞が付いていない点です。

　ところが、一点、「を」に関して、モンゴル語と日本語が、全く異なっている点があります。（25）の例を見てみましょう。

(25)　Öčügedür Ulaɣan(-i)　surɣaɣuli-du iregsen učirača,
　　　昨日　　　ウラーン-を 学校-に　　来た　　　ので
　　　bügüdeger bayarlajai.
　　　みんなが　喜んだ。
　　　'昨日ウラーンが学校に来たので、みんなが喜んだ。'

（25）の重要な点は、理由を示す付け足し文「…ので」の中にある（-i）の部分です。（　）は、その中の要素があってもなくてもいいということを示しています。となると、（25）は、次の二つに翻訳されます。

(26) a.　昨日ウラーン が 学校に来たので、みんなが喜んだ。

　　　b.　昨日ウラーン を 学校に来たので、みんなが喜んだ。

つまり、モンゴル語では、(26b) が示すように、理由を示す付け足し文の主語が、「ウラーンを学校に来たので」という具合に、「を」を伴っていることです。日本語では、(26b) に示す文は、誤りで、(26a) のように言わなければなりません。

　ところが、不思議なことに、日本語の古語では、天智天皇が示したように、

(19)　苫をあらみ

まるでモンゴル語のように、理由を示す付け足し文の主語が、「を」を伴っているのです。そうなると、日本語古語とモンゴル語の「を」は、同じような性質を持っているということがわかってきます。

　しかしながら、天智天皇（626 年–671 年）の歌一つを根拠に、日本語に「を」主語があり、だからこそ、日本語とモンゴル語は、似ていると言い切れるでしょうか？ そこで、他にもそのような例がないか調べてみると、ありました。源重之（みなもとのしげゆき）の歌。10 世紀の作品です。

(27)　風 を いた み 岩うつ波の おのれのみ 砕けて物を 思ふころかな

番号	48
作者	源重之（みなもとのしげゆき）（? 年–1000? 年）
読み方	かぜをいたみ　いわうつなみの　おのれのみ　くだけてものをおもうころかな
意味	風が強いので、岩に打ちつける波が砕け散るように、私の心も砕け散り、もの思いにふけるこのごろだ。

この首の中の注目点は、以下です。

2章　を主語：日本語とモンゴル語の関係　　33

（28）　風をいたみ

（28）の意味は、（29）です。

（29）　風が強いので

「いたみ」の「いた」は、古語の「いたし」という形容詞です。痛い・つらいの他に、程度がはなはだしいという意味があります。それで、「強い」の意味が出てくるわけです。では、この付け足し文の主語は、何でしょうか？　んだってテストをしてみましょう。

（30）　いたいんだって？　何が？

となりますから、必要語は、「何が」に対応する一つだけ。となると、主語は、

（31）　風が（実際には、風を）

となります。主語に「を」が付いています。天智天皇の「苫を」と全く同じ状況です。

　もう一つありました。崇徳院（すとくいん）の歌。12世紀です。

（32）　瀬 を はや み 岩にせかるる 滝川の われても末に 逢はむとぞ思ふ

番号	77
作者	崇徳院（すとくいん）（1119年-1164年）
読み方	せをはやみ　いわにせかるる　たきがわの　われてもすえに あわんとぞおもう
意味	川の浅瀬の流れが早いので、岩にせき止められた急流が二つに分かれるが、それが最後には一つになるように、あの人とはいつか一緒になろうと思う。

この首の中の注目点は、以下です。

34

　(33)　瀬をはやみ

(33) の意味は、(34) です。

　(34)　川の浅瀬の流れが早いので

「はやみ」の「はや」は、古語の「早し」という形容詞です。では、この付け足し文の主語は、何でしょうか？ んだってテストをしてみましょう。

　(35)　早いんだって？ 何が？

となりますから、必要語は、「何が」に対応する一つだけ。となると、主語は、

　(36)　瀬が（実際には、瀬を）

となります。主語に「を」が付いています。天智天皇の「苫を」と全く同じ状況です。このように、理由を表す文の主語が、天智天皇（626 年-671 年）の時代から崇徳院（1119 年-1164 年）の時代まで、「を」を伴っていたのです。7 世紀から 12 世紀まで、500 年ほどです。

　百人一首に、「をみ」文を含む歌が、3 つも入っていることは、何を意味しているでしょうか？ 天智天皇（626 年-671 年）の歌一つだけであるなら、7 世紀の思い出として掲載されたと考えてもいいかもしれません。ところが、どうも、そういう意味ではなかったように見えます。百人一首自体は、1235 年ころ、13 世紀に作られました。となると、このころには、まだ、「をみ」文が使われていたか、衰退する方向にあったかでしょう。崇徳院（1119 年-1164 年）の歌が 12 世紀のものであるとすると、やはり、500 年程度は、「をみ」文がごく普通に使われた表現であったということになり、ひょっとしたら、藤原定家は、それを示すために、あえて、500 年も離れた歌を入れ込んだのかもしれません。

　さて、13 世紀以降は、あまりこの表現が見られなくなります。その衰

退の理由は全くわかっていませんが、一つだけ、可能な理由を考えてみたいと思います。以下では、「深し」と「高し」という形容詞を含む「をみ」文の例を見て行きます。まず、「深し」から。うつほ物語（10 世紀後半）の中に、次のような歌があります。

(37)　葉末こそ　あきをも知らめ　根を深み　それ道芝の　いつか忘れむ
　　　　　'葉の先が色づいて「秋」を知ることになるように、あなたは私に「飽き」ているかもしれませんが、根が深いので、私のような道端の草は、いつ忘れるでしょうか、いや、忘れず参ります。'

（うつほ物語・俊蔭）

「根を深み」という「をみ」文が使われています。「根が深いので」という意味です。

　これを心に持って、次の例を見てください。式子内親王（しょくし／しきしないしんのう）の歌。

(38)　山深み　春ともしらぬ　松の戸に　絶え絶えかかる　雪の玉水
　　　　　'山が深いので、春が来たこともわからないのです。私の庵の板戸に、とぎれとぎれにかかっています。玉のように輝く雪解けの水が。'

（新古今和歌集（1 巻）春歌上 3）

式子内親王（しょくし／しきしないしんのう）（1149?-1201）

式子内親王は、後白河天皇の第 3 皇女です。百人一首にも一首収録されています。

(39) 玉のをよ たえなばたえね ながらへば 忍ぶることの 弱りもぞする

番号	89
作者	式子内親王（しょくし／しきしないしんのう）(1149?年-1201年)
読み方	たまのおよ　たえなばたえね　ながらへば　しのぶることの　よわりもぞする
意味	私の命よ、絶えてしまうならば絶えてしまえ。生きながらえていると、胸の内に秘める力が弱まって、思いが人に知れてしまうから。

「山深み」という文が使われています。「山が深いので」という意味です。あれ？「を」がないですね。本来なら、「山を深み」であってもよさそうです。おそらく、これは、音調を重視して、5・7・5を守るために、「や・ま・ふ・か・み」としたように思われます。

　同じようなことが、形容詞「高し」でも起きています。まずは、安倍虫麻呂（あべのむしまろ）の歌を見てましょう。

(40) 雨_{あまこも}隠る 三笠の山を 高みかも 月の出で来ぬ 夜はふけにつつ
　　　‘三笠の山があまりにも高いからか。月が出ぬまま、夜は次第に更けていく。’

（万葉集（6巻）980）

安倍虫麻呂（あべのむしまろ）(8世紀ころ)

「山を高み」という「をみ」文が使われています。「山が高いので」という意味です。

　これを心に持って、次の例を見てください。凡河内躬恒（おおしこうちのみつね）の歌です。

(41) 山高み 雲井に見ゆる 桜花_{さくらばな} 心のゆきて 折らぬ日ぞなき
　　　‘山が高いので、空にあるように見える桜の花よ、心の中では、

そこまで行って折り取らない日はない。'

（古今和歌集（7 巻）賀歌 358）

凡河内躬恒（おおしこうちのみつね）(859? 年-925? 年)

凡河内躬恒は、古今和歌集撰者の一人です。百人一首にも一首収録されています。

(42)　心あてに 折らばや折らむ 初霜の おきまどはせる 白菊の花

番号	29
作者	凡河内躬恒（おおしかうちのみつね）(859? 年-925? 年)
読み方	こころあてに　おらばやおらん　はつしもの　おきまどわせる しらぎくのはな
意味	当てずっぽうに折るなら折ろうか。初霜が降りて、霜と区別できなくなっている白菊の花を。

「山高み」という文が使われています。「山が高いので」という意味です。あれ？　またもや「を」がないですね。本来なら、「山を高み」であってもよさそうです。おそらく、これも、音調を重視して、5・7・5 を守るために、「や・ま・た・か・み」としたように思われます。

このように、「をみ」文においては、音調などのなんらかの理由で「を」が欠落することが度々ありました。おもしろいことに、この「を」の削除は、同じ人物でも、やったりやらなかったりしています。凡河内躬恒の『古今和歌集』の中の別の歌を見てましょう。

(43)　夜 を 寒 み 置く初霜を はらひつつ 草の枕に あまたたび寝ぬ
　　　　'夜が寒いので、降りた初霜を払いながら、草で編んだ枕で、幾夜も眠った。わびしい「旅寝」だった。'

（古今和歌集（9 巻）羇旅歌 416）

凡河内躬恒（おおしこうちのみつね）(859? 年-925? 年)

ここで重要なのは、「夜を寒み」という部分です。この「をみ」文において
は、「を」がしっかり残されています。おそらくは、「よ・を・さ・む・み」
が、5・7・5を守っているために、「を」を削除する必要がなく、むしろ、
削除してはならなかったということです。

　以上のことから、7世紀から12世紀までは、「をみ」文においては、
「を」の出現は、極めて普通のことで、それが削除される際は、音調など
の別の要因が働いていたように見えます。そして、この500年間で、「を
み」文の「を」は、理由があれば、消しても構わないという状況があり、
それが、その後において、なくても何ら問題ないという状況に変わって
いったのではないか。そして、「をみ」文の「を」が存在しなくなり始める
と、同時に、「み」も現れなくなった。そのために、13世紀以降では、「を
み」文がほとんど現れなくなった。このようなことが起きていたのではな
いか。一つの仮説です。

　まとめます。日本語の歴史において、少なくとも500年の間、理由を
表す文の主語が、「を」を伴っていました。このような現象は、世界の言
語の中でも、モンゴル語と古語以外に、ほとんど見当たりません。このこ
とから、そして、上で見たように、両言語の語順が同じであることから
も、どうも、モンゴル語と日本語は、とても近い関係、つまり、親戚であ
ると考えてもそれほど不思議ではありません。

　もちろん、「を」主語と語順だけではありません。両言語には、動詞の
活用や「の」主語などの類似点もあります。まずは、動詞の活用から。モ
ンゴル語では、単文では、動詞は、終止形で終わり、付け足し文の関係節
では、連体形で終わります。

(44)　Ulaɣan　tere　nom-i biči-jei.
　　　ウラーン　その　本–を　書い–た.終止形
　　　'ウラーンがその本を書いた.'

2章 を主語：日本語とモンゴル語の関係　39

(45)　Ulaɣan　biči-gsen　　　nom
　　　ウラーン　書いた.連体形　本
　　　'ウラーンが書いた本'

現代日本語では、終止形と連体形の区別は基本的に消失してしまいました
が、古語では、しっかりありました。

(46)　箱あり。　　　（終止形）
　　　'箱がある。'

（竹取物語）

(47)　世にある物　　（連体形）
　　　'この世にある物'

（竹取物語）

現代語において、終止形と連体形の活用の区別がかろうじて残っているの
は、形容動詞です。（「な」形容詞という人もいます。）終止形なら、「だ」、
連体形なら、「な」です。

(48)　海が静かだ。（終止形）

(49)　静かな海　　（連体形）

続いて、モンゴル語も日本語も、「の」主語があります。

(50)　Ulaɣan-u　　biči-gsen　　　　nom
　　　ウラーン-の　書いた.連体形　本
　　　'ウラーンの書いた本'

(51)　ウラーンの書いた本

以上の例をもとに総合的に考えると、モンゴル語と日本語は、親戚だと言
えそうですね。

③章　人称の区別：が・の

言いたいこと： 日本語の中に英語を見た

　『仰げば尊し』卒業式の時に歌ったという方がいるかもしれません。あるいは、卒業式シーズンになんとなく耳にしたことがあるという方がいるかもしれません。ウイキペディアによると (https://ja.wikipedia.org/wiki/%E4%BB%B0%E3%81%92%E3%81%B0%E5%B0%8A%E3%81%97)、この歌は、1884年（明治17年）に発表された日本の唱歌で、もともとは、1871年に米国で出版された楽譜『The Song Echo』の中に収録されている「Song for the Close of School」という楽曲であったようです。そして、日本語の歌詞は、大槻文彦・里見義・加部厳夫の合議によって作られたと言われています。

　さて、この歌の中には、この章で言いたいことが、詰まっています。まずは、そのポイントを押さえ、その後、百人一首の世界をのぞいてみたいと思います。

　この歌は、次の歌詞で始まります。

　（1）　『仰げば尊し』
　　　　あおげばとうとし　わが師の恩

歌詞を見ずに、耳だけで聴いていると、「わがし」のところで、微妙な気持ちになる場合もあります。「和菓子」が思い浮かびながらも、「わが」って何かちょっと違うなという気持ちです。「わが師」の意味は、（2）です。

3章　人称の区別：が・の　41

(2)　わが師＝私の恩師＝私の先生

現代語では、「わが」は、「私の」です。「○○の名詞」という表現は、「大谷のバット」や「イチローのグローブ」などもあるので、以下では、仮に、「所有表現」と呼びたいと思います。もちろん、「わが師」も、「が」が奇妙ですが、「○○」が名詞に付いていますから、「○○が名詞」も、「所有表現」と呼びましょう。また、日本語には、普通に「○○が動詞」という表現があります。「大谷がバットを振った」や「イチローがグローブを磨いた」のように。これらは、明らかに文ですから、そのまま、「文」と呼びます。(3) に簡単にまとめておきます。

(3)　a.　所有表現　　○○が・の　　名詞
　　　b.　文　　　　　　○○が　　　　動詞

現代語では、(3a) の所有表現に、「が」が付く例は、限定されています。

(4)　a.　我が家
　　　b.　我が国（演説などで）

これ以外は、あまり聞きません。

　では、ここから、古語の所有表現に入っていきます。百人一首の世界では、どうなっているでしょうか？ 所有表現で、「が」が付いている例は、合計9つ。そして、2種類ありました。「我が」と「君が」です。

(5)　所有表現「○○が名詞」我が

8. 我が いほは 都のたつみ しかぞすむ 世をうぢ山と 人はいふなり

（喜撰法師）

9. 花の色は 移りにけりな いたづらに 我が 身世にふる ながめせしまに
（小野小町）

40. しのぶれど 色に出でにけり 我が 恋は 物や思ふと 人のとふまで（平兼盛）

41. 恋すてふ 我が 名はまだき 立ちにけり 人知れずこそ 思ひそめしか

(壬生忠見)

86. 嘆けとて 月やは物を 思はする かこち顔なる 我が 涙かな （西行法師）

92. 我が 袖は 潮干に見えぬ 沖の石の 人こそ知らね 乾く間もなし

(二条院讃岐)

96. 花さそふ あらしの庭の 雪ならで ふりゆくものは 我が 身なりけり

(入道前太政大臣)

(6) 所有表現「〇〇が名詞」君が

15. 君が ため 春の野に出でて 若菜つむ 我が衣手に 雪はふりつつ

(光孝天皇)

50. 君が ため 惜しからざりし 命さへ 長くもがなと 思ひけるかな

(藤原義孝)

　実際は、所有表現で、「が」が付いている例がもう一つあります。75番の歌です。以下の話をわかりやすくするために、この歌は、8章まで待っていただければと思います。8章でその歌に出会った時に、どんな気持ちになるでしょうか？　どうぞ、お楽しみに。

　それでは、それぞれ、一つずつ、じっくり見てみましょう。まずは、「我が」の例から。西行法師（さいぎょうほうし）の歌です。

(7) 嘆けとて 月やは物を 思はする かこち顔なる 我が 涙かな

番号	86
作者	西行法師（さいぎょうほうし）(1118年-1190年)
読み方	なげけとて　つきやはものを　おもわする　かこちがおなる わがなみだかな
意味	「嘆け」と言って、月は私に物思いをさせるのか。まるで月の仕業であるかのようにうらめしそうな顔つきで流れ落ちる私の涙よ。

「わが涙」という所有表現です。意味は当然、「私の涙」です。そして、「君

3章　人称の区別：が・の　43

が」の例。光孝天皇（こうこうてんのう）の歌です。

(8)　　君が　ため　春の野に出でて　若菜つむ　我が衣手に　雪はふりつつ

番号	15
作者	光孝天皇（こうこうてんのう）（830 年-887 年）
読み方	きみがため　はるののにいでて　わかなつむ　わがころもでに　ゆきはふりつつ
意味	あなたのために春の野に出て若菜を摘んでいたら、私の着物の袖に雪が降りかかっている。

注目すべきは、「君がため」という所有表現です。意味は、「あたなのため」です。「わが」の場合は、「の」を使うとぎこちないですが、「君」なら、「君のため」と言っても、おかしくないはずなのに、なぜか、「君がため」となっています。

　「私」も「君」も、人ですね。じゃあ、本当に、「人」を使った例は、どうなっているんでしょうか？　右近（うこん）の歌を見てみましょう。

(9)　　忘らるる　身をば思はず　ちかひてし　人の　命の　惜しくもあるかな

番号	38
作者	右近（うこん）（平安時代中期）
読み方	わすらるる　みをばおもわず　ちかいてし　ひとのいのちの　おしくもあるかな
意味	あなたに忘れられる私のことは何とも思わない。しかし、神に誓ったあなたの命が、失われるのではいかと、惜しく思われてならない。

「人の命」という所有表現です。意味は、そのまんま「人の命」です。同じ人ですが、「の」が使われています。百人一首の中には、「人が名詞」という表現は、見当たりません。他の古語の作品を見ても、「人が名詞」とい

う表現は見つかりませんでした。同じ人なのに。何が起きているんでしょうか？

　じゃあ、別のタイプの人はどうでしょう。参議篁（さんぎたかむら）の歌を見てみましょう。

（10）　わたの原 八十島かけて 漕ぎ出でぬと 人には告げよ 海人 の 釣舟

番号	11
作者	参議篁（さんぎたかむら）（802 年‐852 年）
読み方	わたのはら　やそしまかけて　こぎいでぬと　ひとにはつげよ　あまのつりぶね
意味	島々を目指し、海原に漕ぎ出して行ったと人に告げておくれ、漁師の釣舟よ。

大事なところは、「海人の釣舟」という所有表現です。意味は、「漁師の釣り船」です。「漁師」も人です。が、「私」と「あなた」と違って、「が」が付いていません。「人」と同じように、「の」が付いています。同じ人なのに、なんだか、「が」の仲間に入るものと、「の」の仲間に入るものがありそうです。

　じゃあ、人ばかりに気を取られていないで、人を含む生物全体を見てみましょう。生物の一つとして、動物の鹿だったらどうなるでしょうか？猿丸太夫（さるまるだいふ）の歌を見てみましょう。

（11）　奥山に 紅葉踏み分け 鳴く鹿 の 声聞くときぞ 秋はかなしき

番号	5
作者	猿丸太夫（さるまるだいふ）（生没年不詳）
読み方	おくやまに　もみじふみわけ　なくしかの　こえきくときぞ　あきはかなしき
意味	奥深い山に紅葉をふみわけて入る。そこで鳴いている鹿の声を聞く時ほど、秋は悲しいと感じる時はない。

3章　人称の区別：が・の　　45

大事なところは、「鹿の声」という所有表現です。意味は、文字通り、「鹿
の声」です。「鹿」も「人」も、生物です。が、「私」と「あなた」と違って、
「が」が付いていません。「人」と同じように、「の」が付いています。同じ
生物なのに、なんだか、「が」の仲間に入るものと、「の」の仲間に入るも
のがありそうです。

　もう一つ、生物の例として、鳥を見てみたいと思います。柿本人麿（か
きのもとのひとまろ）の歌を見てみましょう。

（12）　あしびきの　山鳥 の 尾の　しだり尾の　ながながし夜を　ひとりかも
　　　　寝む

番号	3
作者	柿本人麿（かきのもとのひとまろ）（生没年不詳）
読み方	あしびきの　やまどりのお　しだりおの　ながながしよを　ひとりかもねん
意味	山鳥の垂れ下がった尾のように長い夜を、ひとり寂しく寝るの だろうか。

大事な部分は、「山鳥の尾」という所有表現です。意味は、文字通り、「山
鳥の尾」です。「山鳥」も「人」も、生物です。が、「私」と「あなた」と
違って、「が」が付いていません。「人」と「鹿」と同じように、「の」が付
いています。同じ生物なのに、やはり、「が」の仲間に入るものと、「の」
の仲間に入るものがありそうです。

　ほかに、「が」が付くものは、ないんでしょうか？　最後に、生物以外の
ものにも当たってみましょう。まずは、自然から。貞信公（ていしんこう）
の歌を見てみましょう。

(13)　小倉山　峰 の もみぢ葉　心あらば　今ひとたびの　みゆき待たなむ
　　　　（貞信公）

番号	26
作者	貞信公（ていしんこう）（880 年-949 年）
読み方	おぐらやま　みねのもみじば　こころあらば　いまひとたびの　みゆきまたなん
意味	小倉山の峰の紅葉の葉よ、お前に心があるならば、もう一度陛下がいらっしゃるまで散らずに待ってくれないか。

注目する部分は、「峰のもみぢ葉」という所有表現です。意味は、「山頂のもみじの葉」です。さすがに、「山頂」は、生物ではないので、「私」と「あなた」と違って、「が」が付いていません。他の生物の「人」・「鹿」・「山鳥」と同じように、「の」が付いています。

　では、もう一つだけ、生物でないものを見ておきましょう。良暹法師（りやうせんほうし）の歌です。

(14)　さびしさに　宿を立ち出でて　ながむれば　いづこも同じ　秋 の 夕暮
　　　　　　　　　　　　　　　　　　　　　　　　　　　　（良暹法師）

番号	70
作者	良暹法師（りやうせんほうし）（? 年-1064? 年）
読み方	さびしさに　やどをたちいでて　ながむれば　いずこもおなじ　あきのゆうぐれ
意味	寂しさに耐えかねて家を出てあたりを眺めてみると、結局、どこも同じだった。秋の夕暮れの寂しさは。

注目する箇所は、「秋の夕暮」という所有表現です。意味は、文字通り、「秋の夕暮れ」です。「秋」は、「山頂」と違って、実体がありません。やはり、これまで見た「私」と「あなた」以外のものと同じように、「の」が付いています。

3章　人称の区別：が・の　　47

　ここまで来ると、一定の傾向があるように見えます。簡単に言えば、次のような傾向です。古語を話していた人たちにとっては、「私」と「あなた」は、「が」友達で、それ以外のものとは、一線を画すというような状況であったようです。以下で、いったいこれは、何を意味しているか考えてみたいと思います。その前に、百人一首中の「所有表現「〇〇の名詞」」の形式を含む歌を、リストにしておきたいと思います。「所有表現「〇〇が名詞」」の形式と比べやすいように。以下では、わかりやすさのために、一つの歌に数か所「の」があっても、一つだけ□で囲んでいます。

(15)　所有表現「〇〇の名詞」リスト
　2. 春すぎて 夏来にけらし 白妙 の 衣ほすてふ 天の香具山　　（持統天皇）
　4. 田子 の 浦に うち出でて見れば 白妙の 富士の高嶺に 雪はふりつつ
　　　　　　　　　　　　　　　　　　　　　　　　　　　　　　（山部赤人）
　10. これやこの 行くも帰るも 別れては 知るも知らぬも 逢坂 の 関　（蟬丸）
　12. 天つ風 雲のかよひぢ 吹きとぢよ をとめ の 姿 しばしとどめむ
　　　　　　　　　　　　　　　　　　　　　　　　　　　　　　（僧正遍昭）
　18. 住の江 の 岸による波 よるさへや 夢の通ひ路 人目よくらむ
　　　　　　　　　　　　　　　　　　　　　　　　　　　　　（藤原敏行朝臣）
　19. 難波潟 みじかき葦 の ふしの間も 逢はでこの世を 過ぐしてよとや
　　　　　　　　　　　　　　　　　　　　　　　　　　　　　　　　（伊勢）
　21. 今来むと い ひ しばかりに 長月の 有明 の 月を 待ち出でつるかな
　　　　　　　　　　　　　　　　　　　　　　　　　　　　　　（素性法師）
　24. このたびは 幣もとりあへず 手向山 もみぢ の 錦 神のまにまに　（菅家）
　25. なにしおはば 逢坂山 の さねかづら 人に知られで くるよしもがな
　　　　　　　　　　　　　　　　　　　　　　　　　　　　　（三条右大臣）
　26. 小倉山 峰 の もみぢ葉 心あらば 今ひとたびの みゆき待たなむ（貞信公）
　29. 心あてに 折らばや折らむ 初霜の おきまどはせる 白菊 の 花
　　　　　　　　　　　　　　　　　　　　　　　　　　　　　（凡河内躬恒）
　34. 誰をかも 知る人にせむ 高砂 の 松も昔の 友ならなくに　（藤原興風）
　42. 契りきな かたみに袖を しほりつつ 末 の 松山 波越さじとは（清原元輔）

48

46. 由良 [の] とを 渡る舟人 梶を絶え 行方も知らぬ 恋の道かな　（曾禰好忠）

51. かくとだに えやはいぶき [の] さしも草 さしもしらじな もゆる思ひを

（藤原実方朝臣）

54. 忘れじの 行末までは 難ければ 今日を限り [の] 命ともがな（儀同三司母）

56. あらざらむ この世のほか [の] 思ひ出に 今ひとたびの あふこともがな

（和泉式部）

57. めぐり逢ひて 見しやそれとも わかぬ間に 雲隠れにし 夜半 [の] 月かな

（紫式部）

59. やすらはで 寝なましものを 小夜ふけて かたぶくまで [の] 月を見しかな

（赤染衛門）

60. 大江山 いく野 [の] 道の 遠ければ まだふみも見ず 天の橋立（小式部内侍）

61. いにしへの 奈良 [の] 都の 八重桜 けふ九重に にほひぬるかな（伊勢大輔）

64. 朝ぼらけ 宇治 [の] 川霧 絶えだえに あらはれわたる 瀬々の網代木

（権中納言定頼）

70. さびしさに 宿を立ち出でて ながむれば いづこも同じ 秋 [の] 夕暮

（良暹法師）

74. 憂かりける 人を初瀬 [の] 山おろしよ はげしかれとは 祈らぬものを

（源俊頼朝臣）

76. わた [の] 原 漕ぎ出でて見れば 久方の 雲居にまがふ 沖つ白波

（法性寺入道前関白太政大臣）

87. 村雨 [の] 露もまだひぬ 真木の葉に 霧立ちのぼる 秋の夕暮　（寂蓮法師）

93. 世 [の] 中は 常にもがもな 渚漕ぐ 海人の小舟の 綱手かなしも

（鎌倉右大臣）

97. 来ぬ人を まつほ [の] 浦の 夕なぎに 焼くや藻塩の 身もこがれつつ

（権中納言定家）

　さあ、上で得られた一般化が、何を意味しているか考えてみましょう。上でわかってきた一般化は、以下のようなことです。

(16)　「が」と「の」についての一般化

　　　私とあなたとそれ以外

3章　人称の区別：が・の　49

ということです。そして、これは、一瞬、奇妙に思われるかもしれません
が、ある身近な外国語における一般化とそっくりです。そうです。英語で
す。英語の簡単な例を見てみましょう。

(17) a.　I play baseball.

　　　　'私は野球をします。'

　　 b.　Do you play baseball?

　　　　'あなたは野球をしますか？'

　　 c.　Shohei plays baseball.

　　　　'翔平は野球をします。'

英語には、3 人称を示す S があります。主語が *I* '私' と *you* 'あなた' な
ら、動詞に変化はありませんが、「私とあなた」以外のもの、例えば、
Shohei であれば、動詞に S が付かなければなりません。

　反対に、主語が *I* '私' と *you* 'あなた' なのに、動詞に S を付けたり、
主語が *Shohei* なのに、動詞に S を付けなければ、そのような文は、さっ
ぱりだめな文になってしまいます。

(18) a.　*I play**s** baseball.

　　　　'私は野球をします。'

　　 b.　*Do**es** you play baseball?

　　　　'あなたは野球をしますか？'

　　 c.　*Shohei play baseball.

　　　　'翔平は野球をします。'

これらの英語の例が何を意味しているかというと、文中のある要素とある
要素が「一致」を引き起こしているということです。*I* と *you* なら、*play*
で一致、*Shohei* なら、*plays* で一致。このような現象を、一致現象と言
います。これが、まさに、古語で起きていたのです。「わ」と「きみ」な
ら、「が」、それ以外なら、「の」が必要とされる。X が来たら、すぐ次に

くるものは、その X の性質と合うもの、つまり、一致するものでなければ、ならないということです。英語では、

　(19)　主語−動詞（英語）

という隣り合ったもの、古語なら、

　(20)　名詞−助詞（古語）

という隣り合ったもの。(19) の主語は、基本的に名詞です。この一致現象は、ですから、人間言語において、名詞と、名詞の隣に来るものとの間に起きがちであるように見えます。

　なんだか、日本語の古語の中に、英語で学んだあの 3 人称の S のようなものが紛れ込んでいたとは、ちょっと驚きです。次の章では、この「一致」のパターンが所有表現を超えても存在するかどうか見ていきます。

④章　文の主語

言いたいこと：**日本語の中に英語を見た ＋**

　本章では、前章で見た「我が家」とか「人の子」というような、所有表現を超えて、文の中で、「我」や「人」がどのようにふるまっているか見てみたいと思います。文とは、その中に必ず一つ述語があるものです。現代日本語で言えば、次のような例です。[…] の中にあるのが、文です。

(1)　[翔平が笑った]。

(2)　一平は [翔平が笑った] と言った。

(3)　[翔平が笑った] 理由

(4)　[翔平が笑った] ので

(1) は、単文、(2) は、埋め込み文です。(3) は、関係節。関係節は、名詞を修飾する付け足し文です。そして、(4) は、付け足し文の一部です。

　以下では、大きく、二つの現象を見ます。一つは、(1) と (2) の例の中に出てくる「我」や「人」などの主語の現象。もう一つは、(3) と (4) の例の中に出てくる「我」や「人」などの主語の現象です。同じ主語なのだから、分ける必要がないと思うかもしれませんが、分けて考えた方がわかりやすいので、そのようにしましょう。

51

では、まず、二つ目の現象から見ていきます。わかりやすさのためです。まずは、関係節に現れる主語の現象です。次の例を見てください。「我が（わが）」の例から。前大僧正慈円（さきのだいそうじようじゑん）の歌です。

(5)　おほけなく 憂き世の民に おほふかな 我が立つ杣に 墨染の袖

（前大僧正慈円）

番号	95
作者	前大僧正慈圓（さきのだいそうじようじゑん）（1155 年-1225 年）
読み方	おおけなく　うきよのたみに　おおうかな　わがたつそまに すみぞめのそで
意味	身のほど知らずであるが、被いかけよう、つらそうにしている 世の中の人々の上に、私が立っている比叡山に、僧侶がまとう 墨染めの袖を。

この例の中で、重要となるのが、以下の部分です。

(6)　わがたつ杣
　　　‘私が立っている山’

「わが」。ああ、一人称の主語です。所有表現のところでも見ました。西行法師の歌です。

(7)　嘆けとて 月やは物を 思はする かこち顔なる わが涙かな

番号	86
作者	西行法師（さいぎようほうし）（1118 年-1190 年）
読み方	なげけとて　つきやはものを　おもわする　かこちがおなる わがなみだかな
意味	「嘆け」と言って、月は私に物思いをさせるのか。まるで月の仕 業であるかのようにうらめしそうな顔つきで流れ落ちる私の涙よ。

「私」を意味するのであれば、関係節という文の中でも、全体が名詞である所有表現の中でも、「わが」という形で現れるんだということがわかってきます。

　続いて、関係節ではない付け足し文に現れる主語を見てみましょう。『続後撰和歌集』に収録されている源実朝（みなもとのさねとも）の歌です。

(8)　[箱根路を わが越え来れば] 伊豆の海や 沖の小島に 波の寄る見ゆ
　　　'箱根の山道を越えて来ると、目の前に伊豆の海が広がり、沖の小島に波がうち寄せているのが見える。'

（続後撰和歌集・羈旅歌 1309）

源実朝（みなもとのさねとも）（1192 年-1219 年）

(8) の例において、「わが」が出てきています。その際、「箱根の山道を超えて来ると」という付け足し文の中に現れています。

　ここまで、「わが」が、関係節や関係節ではない付け足し文に現れることを見ました。ところが、不思議なことに、主文の中に現れることもあるようです。以下の例です。『万葉集』の詠み人知らずの歌です。

(9)　安積山　影さへ見ゆる 山の井の 浅き心を 我が思はなくに
　　　'安積山の姿さえ映し出す山の水ため場、それと同じように浅い心で、私があなたを思っているわけではないのに。'

（万葉集（16 巻）3807）

作者不詳

この文においては、「我が」が、付け足し文に現れているわけではありません。「…、私が思っていない（のに）」という主文の中に現れています。

　関係節は、付け足し文の一つです。(5) と (8) の例は、「わが」が付け足し文の中に現れることを示しています。が、(9) の例は、「わが」が付け足し文ではなくても、現れることを示しています。いったい、何が起きているんでしょうか？

最終的な答えは、もう少し先に見るとして、ひとまず、(5)、(8)、そして、(9) に何か大事な点は隠されていないか、探ってみましょう。付け足し文 / 主文であるかどうかは、もはや決定打ではなくなっています。では、最初の見当として、「わが」の右隣りに来る要素を見てみましょうか。とほほ。全部動詞でした。

(10) 「わが」の右隣りに来る要素

例文	「わが」の右隣りに来る要素	品詞
(5)	たつ（杣^{そま}）	動詞
(8)	来れ（ば）	動詞
(9)	思は（なく）	動詞

となると、「わが」は、動詞と相性がいいんでしょうか？ 『蜻蛉日記^{かげろうにっき}』によれば、どうも、別の品詞とも相性がいいようです。

(11) わがたのもしき人、陸奥国^{むつのくに}へ出で立ちぬ。

　　　 '私が頼りにしている人（父親）が、陸奥の国に旅立つことになった。'

（蜻蛉日記）

(11) においては、「わが」の右隣りに、「たのもしき」という形容詞が来ています。(10) を修正してみましょう。

(12) 「わが」の右隣りに来る要素

例文	「わが」の右隣りに来る要素	品詞
(5)	たつ（杣^{そま}）	動詞
(8)	来れ（ば）	動詞
(9)	思は（なく）	動詞
(11)	たのもしき（人）	形容詞

4章　文の主語　　55

となると、品詞が決定打になるということでもなさそうです。

　じゃあ、何か、(12) の表の中で、少しだけでも共通点はないだろうか。そんな問いが出てきます。それでは、無理をして、第二の見当を言えば、こんなことでしょうか。(12) の述語（動詞と形容詞）の活用に、何か共通点があるかもしれない。では、活用形を見てみましょう。

(13)　「わが」の右隣りに来る要素とその活用形

例文	「わが」の右隣りに 来る要素	品詞	活用形
(5)	たつ（杣）	動詞	連体形
(8)	来れ（ば）	動詞	已然形
(9)	思は（なく）	動詞	未然形
(11)	たのもしき（人）	形容詞	連体形

なんだかばらばらで、よくわかりません。連体形、已然形、未然形と、好き勝手やってます。ただ、なぜか終止形が出てきていません。これが決定打なのかどうか、現段階では、ひとまず置いておいて、「わが」から「君が」に目を向けてみましょう。

　「君が」。2 人称の代名詞です。残念ながら、百人一首には、「君が」が文の主語となるような例はありません。そこで、『古今和歌集』から例を取ってきましょう。

(14)　君が ゆく 越のしら山 知らずとも ゆきのまにまに あとはたづねむ
　　　 'あなたが行こうとしている越の白山は知らなくても、ゆくのにまかせて雪の間にあなたの後を追っていきたい。'

　　　　　　　　　　　　　　　　　（古今和歌集 (8 巻) 離別歌 391）

　　　　　　　　　　　　藤原兼輔（ふじわら の かねすけ）（877 年-933 年）

(14) においては、「君が」は、「君がゆく」という関係節の主語として現

56

れています。「わが」同様、「君が」は、所有表現のところでも見ました。光孝天皇（こうこうてんのう）の歌です。

(15)　君がため 春の野に出でて 若菜つむ 我が衣手に 雪はふりつつ

番号	15
作者	光孝天皇（こうこうてんのう）（830 年–887 年）
読み方	きみがため　はるののにいでて　わかなつむ　わがころもでに　ゆきはふりつつ
意味	あなたのために春の野に出て若菜を摘んでいたら、私の着物の袖に雪が降りかかっている。

「あなた」を意味するのであれば、関係節という文の中でも、全体が名詞である所有表現の中でも、「君が」という形で現れます。
　続いて、関係節ではない付け足し文に現れる主語を見てみましょう。『うつほ物語』より。

(16)　君がかく 取りそめければ 山川の 浅茅そ沖の 上に見えける
　　　‘あなたがこのように（空に住む魚を）取り始めたので、山や川にある草が海の上に見えるようになった。’

(うつほ物語・国譲 中)

(16) の例においては、「君が」が、「あなたがこのように取り始めたので」という付け足し文の中に現れています。
　もう一つ。「君が」が現れる例。再び、『うつほ物語』より。

(17)　桜花 いつか飽くべき 野辺に出でて 心々に 君が惜しむに
　　　‘桜の花は、見飽きることがあるだろうか。野に出て、心からあなたが惜しんでいるのに。’

(うつほ物語・国譲 下)

(17) では、「君が」が、「… 惜しんでいる（のに）」という文の中に現れています。ここでは、わかりやすさのために、「… 惜しんでいる（のに）」の文は、付け足し文として、「桜の花は、見飽きることがあるだろうか」という主文を修飾する付け足し文としておきます。（二つの主文が接続されていると考えても、問題ありません。）

　これまで、「君が」が文中に現れる例を3つ見ました。その出現の背後に、どんな法則があるんでしょうか。「わが」の例で見たように、「君が」の例においても、その右隣りに来る要素とその活用形を見てみましょう。

(18)　「君が」の右隣りに来る要素とその活用形

例文	「君が」の右隣りに来る要素	品詞	活用形
(14)	ゆく（越のしら山）	動詞	連体形
(16)	（取りそめ）けれ（ば）	助動詞	已然形
(17)	惜しむ（に）	動詞	連体形

「わが」の時と同様、なんだかばらばらで、よくわかりません。連体形と已然形が、好き勝手やってます。ただし、「わが」の時と同様、なぜか終止形が出てきていません。これが決定打なのかどうか、現段階では、ひとまず置いておいて、「君が」から3人称の主語に目を向けてみましょう。

　では、まずは、凡河内躬恒（おおしかうちのみつね）の歌です。

(19)　心あてに 折らばや折らむ 初霜 の おきまどはせる 白菊の花

番号	29
作者	凡河内躬恒（おおしかうちのみつね）（859? 年‒925? 年）
読み方	こころあてに　おらばやおらん　はつしもの　おきまどわせる　しらぎくのはな
意味	当てずっぽうに折るなら折ろうか。初霜が降りて、霜と区別できなくなっている白菊の花を。

(19) においては、「初霜」という 3 人称の名詞は、「初霜の おきまどはせる」という関係節の主語として、「初霜の」という形で現れています。「の」は、関係節の主語に現れるだけでなく、前に見たように、名詞を修飾する名詞としても現れます。まさに、同じ歌の中の「白菊の花」の「の」がその例です。不思議なことに、1 人称・2 人称代名詞には、文であれ名詞であれ、「が」が現れるのに、3 人称の名詞には、文であれ名詞であれ、「が」が現れません。代わりに、「の」が現れています。すでに、名詞を修飾する名詞に「の」が付くのは大量に見ました。以下では、百人一首の他の例でも、文の中に現れる主語が 3 人称なら、「の」が現れるか見てみましょう。

まずは、壬生忠岑 (みぶのただみね) の歌。

(20)　有明[の] つれなく見えし 別れより あかつきばかり 憂きものはなし

番号	30
作者	壬生忠岑 (みぶのただみね) (860? 年–920? 年)
読み方	ありあけの　つれなくみえし　わかれより　あかつきばかり うきものはなし
意味	月が空に残っているうちに夜明けになったあの空が無情に見えた別れ以来、夜明けほどつらいものはない。

(20) においては、「有明」という 3 人称の名詞が、「有明の つれなく見えし」という関係節の主語として、「有明の」という形で現れています。動詞「見えし」は、連体形です。

続いて、春道列樹 (はるみちのつらき) の歌。

(21)　山川に　風|の|かけたる　しがらみは　流れもあへぬ　もみぢなりけり

番号	32
作者	春道列樹（はるみちのつらき）（平安時代前期）
読み方	やまがわに　かぜのかけたる　しがらみは　ながれもあえぬ　もみじなりけり
意味	山を流れる川に、風がかけ渡した柵があった。よく見れば、それは、流れきれずにいる紅葉だった。

　(21)においては、「風」という3人称の名詞が、「風のかけたる」という関係節の主語として、「風の」という形で現れています。動詞「かけたる」は、連体形です。
　次は、文屋康秀（ふんやのやすひで）の歌です。

(22)　吹くからに　秋の草木|の|　しをるれば　むべ山風を　あらしといふらむ

番号	22
作者	文屋康秀（ふんやのやすひで）（生没年不詳）
読み方	ふくからに　あきのくさきの　しおるれば　むべやまかぜを　あらしというらん
意味	ちょっと風が吹くだけで秋の草木がぐったりするので、それで山から吹く風を「嵐」と言うのだろう。

　(22)においては、「秋の草木」という3人称の名詞が、「秋の草木の　しをるれば」という付け足し文の主語として、「秋の草木の」という形で現れています。動詞「しおるれ（ば）」は、已然形です。
　最後に、中納言朝忠（ちゆうなごんあさただ）の歌を見てみましょう。

(23)　逢ふこと　の　たえてしなくは　なかなかに　人をも身をも　恨みざら
　　　　 まし

番号	44
作者	中納言朝忠（ちゆうなごんあさただ）（910 年-966 年）
読み方	あうことの　たえてしなくは　なかなかに　ひとをもみをも　うらみざらまし
意味	あなたと逢うことが一度もなかったなら、あなたのことも自分のことも、恨むことはなかっただろう。

（23）においては、「逢ふこと」という 3 人称の名詞が、「逢ふことの　たえてしなくは」という付け足し文の主語として、「逢ふことの」という形で現れています。形容詞「なく」は、未然形・連用形のどちらかです。助詞「は」に接続していますが、一般に、「は」に接続するものは、「種々の語」であるとされているため、厳密には、「なく（は）」の活用が、未然形・連用形のどちらかに限定できません。ただし、どちらであっても、本書の議論に大きい影響を与えないので、以下、代表として、連用形としておきたいと思います。

　それでは、これらの例を基に、3 人称主語の右隣りに来る要素とその活用形をまとめてみましょう。

（24）　3 人称主語の右隣りに来る要素とその活用形

例文	3 人称主語の右隣りに来る要素	品詞	活用形
(19)	おきまどはせる（白菊の花）	動詞	連体形
(20)	見えし（別れ）	動詞	連体形
(21)	かけたる（しがらみ）	動詞	連体形
(22)	しをるれ（ば）	動詞	已然形
(23)	なく（は）	形容詞	連用形

「わが・君が」の時と同様、なんだかばらばらで、よくわかりません。連体形、已然形、連用形が、好き勝手やってます。ただし、「わが・君が」の時と同様、なぜか終止形が出てきていません。ちょっと気になりだしました。終止形。あなたは、いったい、どこに行ってしまったのか？ 以下で、述語が終止形の例を集めて、いったい何が起きているか確かめてみたいと思います。

　まずは、権中納言匡房（ごんちゅうなごんまさふさ）の歌。すでに 1 章で見ました。

(25)　高砂の 尾上の桜 咲きにけり 外山の霞 立たずもあらなむ

番号	73
作者	権中納言匡房（ごんちゅうなごんまさふさ）(1041 年-1111 年)
読み方	たかさごの　おのえのさくら　さきにけり　とやまのかすみ　たたずもあらなん
意味	高砂にある山に桜が咲いた。手前の山の霞よ、どうか立たないでいてくれ。

(25) の「高砂の 尾上の桜 咲きにけり」の文においては、主語は、最も簡単に言うと、「桜」で、動詞は、「咲きにけり」です。「けり」は、終止形です。あ、出ました。終止形。では、主語は？「桜」ですが、なんと、「が」も「の」も出ていません。裸です。ちょっと小言が出るかもしれませんが、印象に残るように、以下では、このような助詞が付いていない主語を、「裸主語」と言いたいと思います。動詞が、終止形だと、裸主語。以下では、主語に付く助詞は、「が」、「の」、そして、裸主語の場合は、「0」（ゼロ）と言いますね。となると、主語の助詞の種類は、3 種類です。そして、これまでの結果をまとめてみて、どうなっているか考えてみましょう。

(26)　主語の右隣りに来る要素とその活用形

例文	主語の右隣りに 来る要素	品詞	活用形	助詞	人称
(5)	たつ（杣〔そま〕）	動詞	連体形	が	1
(8)	来れ（ば）	動詞	已然形	が	1
(9)	思は（なく）	動詞	未然形	が	1
(11)	たのもしき（人）	形容詞	連体形	が	1
(14)	ゆく（越のしら山）	動詞	連体形	が	2
(16)	（取りそめ）けれ（ば）	助動詞	已然形	が	2
(17)	惜しむ（に）	動詞	連体形	が	2
(19)	おきまどはせる （白菊の花）	動詞	連体形	の	3
(20)	見えし（別れ）	動詞	連体形	の	3
(21)	かけたる（しがらみ）	動詞	連体形	の	3
(22)	しをるれ（ば）	動詞	已然形	の	3
(23)	なく（は）	形容詞	連用形	の	3
(25)	けり	助動詞	終止形	0	3

この表で、一番驚くのは、最後の2行です。主語は、同じ3人称であるのに、隣にくるものが、連用形なら、「の」が現れ、終止形なら、「0」が現れる。つまり、裸だと。同じ主語なのに？　他にも、こんな裸主語が見つかるんでしょうか？　調べてみましょう。

　ありました。『竹取物語』より。

(27)　いまはむかし、たけとりの翁といふものありけり。
　　　'今ではもう昔の話となってしまったが、竹取の翁という人物がいた。'

（竹取物語）

4章　文の主語　　63

(27) では、「たけとりの翁といふもの」という 3 人称が主語で、述語は、「ありけり」です。助動詞「けり」は、終止形です。そして、3 人称主語は、裸主語で、「の」が現れていません。土佐日記にも似たような例があります。

(28)　　八木のやすのりといふ人あり。
　　　　‘八木のやすのりという人がいる。’

（土佐日記）

(28) では、「八木のやすのりといふ人」という 3 人称が主語で、述語は、「あり」で、終止形です。そして、3 人称主語は、裸主語で、「の」が現れていません。これら二つの例は、主文の例です。埋め込み文でも、同じことが起きるんでしょうか？

(29)　　男も女も、深き労ありけりとも、いとど覚ゆるかな。
　　　　‘男女とも、優れた方だと、いっそう思える。’

（うつほ物語・内侍のかみ）

(29) では、「深き労ありけりと」という「覚ゆ」という動詞の埋め込み文の中に、「深き労」という 3 人称の主語が現れ、述語は、「ありけり」で、その中の助動詞「けり」は、終止形です。そして、3 人称主語は、裸主語で、「の」が現れていません。似たような例があります。

(30)　　人聞きけりとて、
　　　　‘人が聞いたと言って’

（うつほ物語・沖つ白波）

(30) では、「人聞きけりと」という「と」で終わる文の中に、「人」という 3 人称の主語が現れ、述語は、「聞きけり」で、その中の助動詞「けり」は、終止形です。そして、3 人称主語は、裸主語で、「の」が現れていません。この例では、「と」で終わる文の直後には、明示的に埋め込み文を取る動

詞が現れていませんが、意味上は、「言ふ」のような動詞が隠れているように見えます。では、ここまでの例を表に加えてみましょう。

(31) 主語の右隣りに来る要素とその活用形

例文	主語の右隣りに来る要素	品詞	活用形	助詞	人称
(5)	たつ（杣）	動詞	連体形	が	1
(8)	来れ（ば）	動詞	已然形	が	1
(9)	思は（なく）	動詞	未然形	が	1
(11)	たのもしき（人）	形容詞	連体形	が	1
(14)	ゆく（越のしら山）	動詞	連体形	が	2
(16)	（取りそめ）けれ（ば）	助動詞	已然形	が	2
(17)	惜しむ（に）	動詞	連体形	が	2
(19)	おきまどはせる（白菊の花）	動詞	連体形	の	3
(20)	見えし（別れ）	動詞	連体形	の	3
(21)	かけたる（しがらみ）	動詞	連体形	の	3
(22)	しをるれ（ば）	動詞	已然形	の	3
(23)	なく（は）	形容詞	連用形	の	3
(25)	けり	助動詞	終止形	0	3
(26)	けり	助動詞	終止形	0	3
(27)	あり	動詞	終止形	0	3
(28)	けり	助動詞	終止形	0	3
(29)	けり	助動詞	終止形	0	3

(31)でわかることは、述語が終止形なら、裸主語、終止形以外なら、裸ではいけないということです。ちょっとした、「活用形」による「一致」です。また、述語が終止形でなければ、音がある「が」か「の」が、人称に応じて現れています。1・2人称なら「が」、3人称なら「の」。あれ？ こ

れも、ちょっとした、人称による「一致」です。なんだか、古語は、英語よりも、「一致」にうるさかったように見えます。2種類の一致。

　ここまで、述語が終止形の例で、かつ、主語が3人称の例を見てきました。では、主語が1人称だったら、どうなるでしょうか？ 埋め込み文の例から見てみましょう。

(32)　まず、我さるべきところへ行くとて

　　　‘まず、私がその場所に行くと言って’

(枕草子・155段)

(32)では、「まず、我さるべきところへ行くと」という「と」で終わる文の中に、「我」という1人称の主語が現れ、述語は、「行く」で、終止形です。そして、1人称主語は、裸主語で、「が」が現れていません。(30)の例と同じように、この例では、「と」で終わる文の直後に、明示的に埋め込み文を取る動詞が現れていませんが、意味上は、「言ふ」のような動詞が隠れているように見えます。

　続いて、主文の例を見てみましょう。

(33)　われ登りて探らむ

　　　‘私が登って探ろう’

(竹取物語)

(33)では、助動詞「む」は、終止形と連体形が同形であるため、終止形とは言い切れませんが、その可能性が半分あります。そして、裸主語「われ」。ただ、これまでの傾向を見ると、終止形であると判断しても、それほど的外れではないように見えます。

　最後に、2人称の主語を見てみたいと思います。残念ながら、2人称の「君」・「汝」・「そなた」が主語で、かつ、述語が終止形である例は、見つかりませんでした。

　それでは、(33)の例の述語が、仮に終止形であるとして、新たな二つ

66

の例を表に入れ込んでみましょう。

(34) 主語の右隣りに来る要素とその活用形

例文	主語の右隣りに 来る要素	品詞	活用形	助詞	人称
(5)	たつ（杣）	動詞	連体形	が	1
(8)	来れ（ば）	動詞	已然形	が	1
(9)	思は（なく）	動詞	未然形	が	1
(11)	たのもしき（人）	形容詞	連体形	が	1
(14)	ゆく（越のしら山）	動詞	連体形	が	2
(16)	（取りそめ）けれ（ば）	助動詞	已然形	が	2
(17)	惜しむ（に）	動詞	連体形	が	2
(19)	おきまどはせる （白菊の花）	動詞	連体形	の	3
(20)	見えし（別れ）	動詞	連体形	の	3
(21)	かけたる（しがらみ）	動詞	連体形	の	3
(22)	しをるれ（ば）	動詞	已然形	の	3
(23)	なく（は）	形容詞	連用形	の	3
(25)	けり	助動詞	終止形	0	3
(26)	けり	助動詞	終止形	0	3
(27)	あり	動詞	終止形	0	3
(28)	けり	助動詞	終止形	0	3
(29)	けり	助動詞	終止形	0	3
(31)	行く	動詞	終止形	0	1
(32)	む	助動詞	終止形	0	1

やはり、人称にかかわらず、述語が終止形なら、裸主語、終止形以外なら、裸ではありません。「活用形」による「一致」です。また、述語が終止形以外なら、音がある「が」か「の」が、人称に応じて現れています。1・

2人称なら「が」、3人称なら「の」。これは、人称による「一致」です。

　それでは、本章の内容をまとめます。古語には、主語と述語の一致がありました。しかも、2種類。

(35) a. 「活用形」による一致
　　　b. 「人称」による一致

まず、「活用形」による一致。人称にかかわらず、述語が終止形なら、裸主語、終止形以外なら、裸主語ではない。次に、「人称」による一致。述語が終止形以外なら、音がある「が」か「の」が、人称に応じて現れています。1・2人称なら「が」、3人称なら「の」。結果的に、古語は、英語よりも、「一致」にうるさかったのかもしれません。

5章　係り結び

言いたいこと：**英語を超えて**

　前章では、古語においては、なんだか、「一致」現象が豊富だということを見ました。本章では、実は、まだまだ古語には一致現象があることを見ます。実際、現代日本語でも、一致ローとか、一致ペーのような名前もありますからね。

　私のような昭和40年代前半に生まれた者は、小学校の卒業式では、当たり前のように、『仰げば尊し』を歌っていました。3章に出てきましたね。1番の歌詞は、以下の通りです。

(1)　『仰げば尊し』
　　　あおげばとうとし　わが師の恩
　　　教えの庭にも　はやいくとせ
　　　思えばいと疾（と）し　この年月（としつき）
　　　今こそわかれめ　いざさらば

最後の行、「今こそわかれめ　いざさらば」の意味は、だいたい、(2) のようなものです。

(2)　今、まさに今、別れよう　さようなら

「わかれめ」は、もう、当然、「別れ目」だと思っていました。私もあなた

も。ところが、実際には、最後の「め」は、「目」ではなくて、なんと、古語の助動詞で、「意思」を表す助動詞の「む」の変化したものだったのです。活用形を調べてみると、「め」は、「む」の已然形でした。何ですか、これ？

はい、これが、新たな古語の中の「一致」現象なのです。係り結びと言われています。「係助詞」と述語の活用形に、一致があるのです。古語においては。「こそ」という係助詞が来ると、述語は、已然形でなければならないという一致の約束があったようです。もし、「こそ」というちょっと強調するような係助詞がなければ、おそらく、(3)のように言ったはずです。

(3)　今わかれむ
　　　'今、別れよう'

「こそ」がないので、係り結びという一致はなく、「む」は、終止形。そして、「こそ」がないので、強調の意味がなく、したがって、「今、まさに今」というニュアンスがなく、「今、別れよう」となっているのです。「こそ」があるのとないのとでは、どちらに、より「別れ」の演出効果があるかわかりませんが、歌詞における「こそ」は、「む」を「め」に変えさせ、そのおかげで、多くの人が誤解し、そして、未だに、このような本で扱われるという別の演出効果があったのかもしれません。

それでは、以下で、係り結びについて詳しく見て行きましょう。係り結びの調査は、大野晋氏の大野(1993)や井川肇氏のIkawa(1998)が重要です。参照してください。1章で既に示しましたが、まずは、簡単なおさらいから。係り結びは、文中のある要素とある要素が一致を引き起こす現象です。係助詞には、「ぞ」、「なむ」、「や」、「か」、「こそ」の5つがあります。そして、最初の4つが文の中に出てきたら、その述語は、連体形に、また、「こそ」が出てきたら、その述語は、已然形にならなければなりません。

70

(4) 係助詞と対応する活用形

    a.   ぞ   連体形

    b.   なむ   連体形

    c.   や   連体形

    d.   か   連体形

    e.   こそ   已然形

これは、3 章で見たように、英語における主語と述語の一致現象と同じようなものです。

(5) a. I play baseball.

       '私は野球をします。'

   b. Do you play baseball?

       'あなたは野球をしますか？'

   c. Shohei plays baseball.

       '翔平は野球をします。'

英語には、3 人称を示す S があります。主語が *I* '私' と *you* 'あなた' なら、動詞に変化はありませんが、「私とあなた」以外のもの、例えば、*Shohei* であれば、動詞に S が付かなければなりません。

　反対に、主語が *I* '私' と *you* 'あなた' なのに、動詞に S を付けたり、主語が *Shohei* なのに、動詞に S を付けなければ、そのような文は、さっぱりだめな文になってしまいます。

(6) a. *I play**s** baseball.

     '私は野球をします。'

  b. *Do**es** you play baseball?

     'あなたは野球をしますか？'

  c. *Shohei play baseball.

     '翔平は野球をします。'

5章 係り結び　71

これらの英語の例は、次のことを示しています。文中のある要素とある要素が一致を引き起こしているということです。*I* と *you* なら、*play* で一致、*Shohei* なら、*plays* で一致。これが、まさに、古語で起きているのです。係助詞「ぞ」、「なむ」、「や」、「か」が来れば、必ず、述語は、連体形、そして、係助詞「こそ」が来れば、必ず、述語は、已然形でなければならない。X が来たら、すぐ次に来るものは、その X の性質と合うもの、つまり、一致するものでなければ、ならないということです。英語では、

　　(7)　主語–動詞（英語）

という隣り合ったもの、古語における係り結びなら、

　　(8)　係助詞–述語（古語）

という隣り合ったもの。

　以下、百人一首の中の歌の中の係り結びの例を係助詞ごとに見て行きたいと思います。「ぞ」から始め、その後、「なむ」、「や」、「か」、「こそ」の順に見て行きます。

　まず、「ぞ」を含む例から。猿丸太夫の歌です。1章で見ました。「ぞ」は、大雑把に言えば、それが付いた要素を強調します。

　　(9)　奥山に 紅葉踏み分け 鳴く鹿の 声聞くとき ぞ 秋はかなし き

番号	5
作者	猿丸太夫（さるまるだいふ）（生没年不詳）
読み方	おくやまに　もみじふみわけ　なくしかの　こえきくときぞ　あきはかなしき
意味	奥深い山に紅葉をふみわけて入る。そこで鳴いている鹿の声を聞く時ほど、秋は悲しいと感じる時はない。

(9) では、文末近くに、「ぞ」が現れ、文末の述語は、形容詞「かなし」の

連体形「かなしき」になっています。係り結びです。この例においては、「ぞ」が付いているのは、付け足し文「声聞くとき」です。

　では、「ぞ」が、付け足し文以外の要素に付く場合もあるんでしょうか? あります。主語です。

(10)　かささぎの 渡せる橋に 置く霜の 白きを見れば 夜 ぞ ふけに ける

番号	6
作者	中納言家持(ちゆうなごんやかもち)(718 年-785 年)
読み方	かささぎの　わたせるはしに　おくしもの　しろきをみれば よぞふけにける
意味	かささぎが渡したという橋の上に霜が降りている。その霜の白いのを見ると、すっかり夜も更けたなと思う。

(10)では、文末近くの「夜」に「ぞ」が付いています。その述語は、「ふけにける」で、最後の助動詞「ける」は、過去を表す「けり」の連体形になっています。この例では、「夜」が、「ふけた」の主語になっています。

　では、述語の目的語に「ぞ」が付く場合もあるんでしょうか? あります。

(11)　わびぬれば 今はた同じ 難波なる 身をつくしても 逢はむと ぞ 思ふ

番号	20
作者	元良親王(もとよししんのう)(890 年-943 年)
読み方	わびぬれば　いまはたおなじ　なにわなる　みをつくしても あわんとぞおもう
意味	既にあなたを思って苦しんでいるので、今はもう難波にあるみおつくし(航路標識のくい)と同じだ。それと同じように、この身を滅ぼしてもお会いしたいと思う。

（11）では、埋め込み文「…逢はむと」に「ぞ」が付いています。その述語は、「思ふ」で、終止形と連体形が同形ですが、連体形と考えても問題なさそうです。この例では、埋め込み文「…逢はむと」が、「思ふ」の目的語（文）になっています。

　これまで、係助詞「ぞ」が、主語、目的語（文）、付け足し語（文）に付く例を見てきました。それ以外にも、付くことができるでしょうか？　できます。

（12）　玉のをよ　たえなばたえね　ながらへば　忍ぶることの　弱りも ぞ する

番号	89
作者	式子内親王（しょくし／しきしないしんのう）（1149?年-1201年）
読み方	たまのおよ　たえなばたえね　ながらへば　しのぶることの　よわりもぞする
意味	私の命よ、絶えてしまうならば絶えてしまえ。生きながらえていると、胸の内に秘める力が弱まって、思いが人に知れてしまうから。

（12）では、「弱りもする」の「弱りも」に付いています。詳しく言えば、動詞「弱る」の連用形に、助詞「も」が付き、その後ろに、「ぞ」が付いています。仮に、「弱りも」全体が動詞の一部であると考えると、「ぞ」は、主語、目的語、付け足し語以外に、動詞の一部にも付くことできると言えそうです。

　さらに、（12）は、おもしろいことを教えてくれます。「弱りもぞする」の最後の「する」は、「ぞ」係助詞によって、動詞「す」の連体形になっています。それは、予測通りです。さて、その動詞の主語を見てみましょう。「しのぶること」、意味は、「秘めた思い」です。その主語には、助詞「の」が付いています。3人称の主語で、述語が、連体形。ですから、こ

れまで見てきた通り、主語は、「が」ではなく、裸主語ではなく、「の」なのです。規則通りです。小学校なら、「廊下は走らない」のようなものです。

　3人称の主語が出てきました。そうなると、ちょっと気になります。1人称の主語のことです。次の例を見てみましょう。

(13)　かげ見れば 波の底なる ひさかたの 空漕ぎわたる われ[ぞ]わびしき
　　　'月の影を見ると、波の底に空が広がっているようだ。その上を船を漕いで渡る自分は、なんともわびしいものだ。'

(土佐日記)

(13) には、「われ」という1人称の主語が出てきます。述語は、形容詞「わびし」の連体形「わびしき」です。係助詞「ぞ」があるので、述語は、当然、連体形で、全く問題ありません。が、問題があります。これまでの規則からすると、1人称主語「われ」は、「わが」ではなく、裸主語ですから、述語は、終止形であるはずです。そういう一致があると上で見てきたわけです。が、「われ」という裸主語です。それに、「ぞ」が付き、述語が連体形。『半分、青い』ような状態です。これは、いったい何を意味しているんでしょうか？

　ひょっとして、こんなことが起きているかもしれません。

(14)　[[われ]ぞ] わびしき

もともと、主語は、裸主語で、「われ」でした。そのままであるなら、述語は、終止形の「わびし」であったはずです。ところが、その「われ」の外側に、「ぞ」を付けたのです。となると、主語の裸性が、「ぞ」によって目隠しされ、もはや、裸主語ではなくなってしまったのです。裸主語が、述語に求めてくる「終止形性」は、ここで、途絶えてしまうのです。すると、この時点で、主語は、「ぞ」が付いたものですから、「ぞ」が求める要

求、つまり、述語は連体形であれ、という要求だけが残るのです。したがって、述語が、「わびし」ではなく、「わびしき」となるということです。となると、裸主語が求める一致と、係り結びが求める一致では、係り結びが求める一致の方が、優勢になっているようですね。

　一致における「強さ」。もちろん、これは、助詞の位置によるものです。「われ」の外側に「ぞ」があるのだから、この「ぞ」が、最もよく見える位置にあるというわけです。目立つ人です。だから、この人が、述語と一致して、「われ」よりも仲良くしているように見えているのです。

　じゃあ、「わが」と係助詞が隣り合って出現することはあるんでしょうか？　はい、まったくありません。これは、「わが」だけではなく、「の」主語の場合も、まったくありません。

(15) ＊わがぞ

(16) ＊人のぞ

これは、格助詞「が・の」は、係助詞「ぞ」とは、相性が悪く、共起できないということですね。

　では、これまでのところをまとめます。係助詞「ぞ」は、主語、目的語（文）、付け足し語（文）、動詞の一部にかかわらず、ちょっと強調しておきたい要素があれば、付くことができます。また、人称が求める一致と、係り結びが求める一致では、係り結びが求める一致の方が、優勢になっています。これは、係助詞が、人称を示す要素の外側に付いており、構造的に、述語とより近い位置にあるということから来ているようです。

　次の係助詞に行く前に、百人一首中の「ぞ」係り結びの例がどれほどあるか、明示しておきます。16例です。

(17) 「ぞ」係り結びの例
　5. 奥山に 紅葉踏み分け 鳴く鹿の 声聞くとき ぞ 秋は かなしき （猿丸大夫）

6. かささぎの 渡せる橋に 置く霜の 白きを見れば 夜ぞふけにける

（中納言家持）

8. 我がいほは 都のたつみ しかぞすむ 世をうぢ山と 人はいふなり

（喜撰法師）

13. 筑波嶺の 峰より落つる みなの川 恋ぞつもりて 淵となりぬる （陽成院）

20. わびぬれば 今はた同じ 難波なる 身をつくしても 逢はむとぞ思ふ

（元良親王）

28. 山里は 冬ぞさびしさ まさりける 人目も草も かれぬと思へば

（源宗于朝臣）

35. 人はいさ 心も知らず ふるさとは 花ぞ昔の 香ににほひける （紀貫之）

37. 白露に 風の吹きしく 秋の野は つらぬきとめぬ 玉ぞ散りける

（文屋朝康）

71. 夕されば 門田の稲葉 おとづれて 蘆のまろ屋に 秋風ぞ吹く

（大納言経信）

77. 瀬をはやみ 岩にせかるる 滝川の われても末に 逢はむとぞ思ふ

（崇徳院）

81. ほととぎす 鳴きつる方を ながむれば ただ有明の 月ぞ残れる

（後徳大寺左大臣）

83. 世の中よ 道こそなけれ 思ひ入る 山の奥にも 鹿ぞ鳴くなる

（皇太后宮大夫俊成）

84. ながらへば またこのごろや しのばれむ 憂しと見し世ぞ 今は恋しき

（藤原清輔朝臣）

89. 玉のをよ たえなばたえね ながらへば 忍ぶることの 弱りもぞする

（式子内親王）

90. 見せばやな 雄島の海人の 袖だにも 濡れにぞ濡れし 色は変はらず

（殷富門院大輔）

98. 風そよぐ ならの小川の 夕暮は みそぎぞ夏の しるしなりける

（従二位家隆）

それでは、次に、「なむ」を含む係り結びの例を見てみましょう。「なむ」

も、大雑把に言えば、それが付いた要素を強調します。さて、残念ながら、百人一首中には、「なむ」を含む係り結びの例がありません。そこで、他の作品の助けを借りて、例を見てみましょう。まずは、『土佐日記』から。

　（18）　ありける女童なむ、この歌をよめる。
　　　　　‘（まさに）そこにいた女の子が、この歌を詠んだ。’

（土佐日記）

(18) では、主語「女童」に、係助詞「なむ」が付いています。そして、それに対応する述語は、「よめる」で、その最後の「る」は、完了を表す助動詞「り」の連体形です。係助詞「ぞ」と全く同じパターンです。
　「なむ」は、他の作品にも普通に現れています。『枕草子』から。

　（19）　今は、御名をば、『草の庵』となむ、つけたる。
　　　　　‘今、あなたのお名前を（まさに）『草の庵』と、付けました。’

（枕草子 78 段）

(19) では、中学校や高校の英語で習う「補語」（例えば、動詞 call ‘呼ぶ’なら、call A B （A を B と呼ぶ）の中の「B と」の部分）「『草の庵』と」に、係助詞「なむ」が付いています。そして、それに対応する述語は、「つけたる」で、その最後の「たる」は、完了を表す助動詞「たり」の連体形です。再度、係助詞「ぞ」と全く同じパターンです。
　では、まとめます。係助詞「なむ」は、主語や補語など、ちょっと強調しておきたい要素があれば、付くことができます。もちろん、他の作品を見れば、目的語や付け足し語にも付くことがわかるはずです。
　それでは、次に、「や」を含む係り結びの例を見てみましょう。「や」は、「ぞ・なむ」と少し違い、大雑把に言えば、疑問を表します。

(20)　難波江の　蘆のかりねの　ひとよゆゑ　みをつくして や 恋ひわたる
　　　 べき

番号	88
作者	皇嘉門院別当（こうかもんゐんのべつとう）（生没年不詳）
読み方	なにわえの　あしのかりねの　ひとよゆえ　みをつくしてや　こいわたるべき
意味	難波の入り江に生えている葦を刈った、その根の一節のように短い一夜をともに過ごしたせいで、みおつくし（航路標識のくい）ではないが、この身をつくして、あなたを思い続けなければならないのだろうか。

(20) では、付け足し文「みをつくして」に、係助詞「や」が付いています。
そして、それに対応する述語は、「恋ひわたるべき」で、その最後の「べき」は、推量を表す助動詞「べし」の連体形です。係助詞「ぞ・なむ」と全く同じパターンです。

　では、付け足し文以外に「や」が付く例もあるんでしょうか？　あります。

(21)　嘆けとて　月 や は物を　思は する　かこち顔なる　わが涙かな

番号	86
作者	西行法師（さいぎょうほうし）（1118年-1190年）
読み方	なげけとて　つきやはものを　おもわする　かこちがおなる　わがなみだかな
意味	「嘆け」と言って、月は私に物思いをさせるのか。まるで月の仕業であるかのようにうらめしそうな顔つきで流れ落ちる私の涙よ。

(21) では、主語の「月」に「や」が付いています。そして、それに対応する述語は、「思はする」で、その最後の「する」は、使役の助動詞「す」の連体形です。再度、係助詞「ぞ・なむ」と全く同じパターンです。

注意深い方は、ちょっとした異変に気付いているかもしれません。(21)
の重要箇所を見てみましょう。

(22)　[[月や]は] …する

この形、どこかで見ましたね。(14) です。

(14)　[[われ]ぞ] わびしき

(14) では、係助詞「ぞ」が一番外側なので、述語「わびしき」と一致し、
連体形となっている。では、(22) は？　係助詞「や」が、あれれ、「は」の
内側に入ってる。にもかかわらず、その述語「する」と一致し、連体形に
なってる。うーん、外側・内側などの、位置は、関係ないのかな？

　ただ、一つ、違いがあります。(14) で問題になっていたのは、「われ」
という裸主語と述語の一致と、「ぞ」という係助詞と述語の一致という二
つの一致の間での競争でした。その際は、一番外側のものが、優勢になる
と。では、(22) は？　はい、「は」は、何とも一致する必要がありません。
ですから、「や」という係助詞が、ただ、述語と一致したいだけなので、
競争が起きていません。だから、「は」は、ある意味、「や」と述語の間に
いるものの、透明になっているだけだということなのです。うーん、また
もや、規則にしっかり従っている。「廊下は走らない」です。

　では、まとめます。係助詞「や」は、主語や付け足し文などに付くこと
ができ、疑問を表します。もちろん、他の例を見れば、目的語や動詞の一
部にも付くことがわかるはずです。

　次の係助詞に行く前に、百人一首中の「や」係り結びの例がどれほどあ
るか、明示しておきます。6例です。

(23)　「や」係り結びの例
18. 住の江の 岸による波 よるさへ や 夢の通ひ路 人目よく らむ

（藤原敏行朝臣）

40. しのぶれど 色に出でにけり 我が恋は 物[や][思ふ]と 人のとふまで

(平兼盛)

58. 有馬山 猪名の笹原 風吹けば いでそよ人を 忘れ[や][は][する] (大弐三位)

84. ながらへば またこのごろ[や] しのばれむ 憂しと見し世ぞ 今は恋しき

(藤原清輔朝臣)

86. 嘆けとて 月[や]は物を 思は[する] かこち顔なる わが涙かな (西行法師)

88. 難波江の 蘆のかりねの ひとよゆゑ みをつくして[や] 恋ひわたる[べき]

(皇嘉門院別当)

それでは、次に、「か」を含む係り結びの例を見てみましょう。「か」は、「や」と同様に、大雑把に言えば、疑問を表します。

(24) 嘆きつつ ひとりぬる夜の 明くるまは いかに久しき ものと[か]は [しる]

番号	53
作者	右大将道綱母（うだいしやうみちつなのはは）(936? 年-995 年)
読み方	なげきつつ　ひとりぬるよの　あくるまは　いかにひさしき　ものとかはしる
意味	あなたが来ないのを嘆きながら、一人で寝る夜の明けるまでは、どれほど長いものであると、あなたはわかっているだろうか。

(24) では、目的文「... いかに久しきものと」に、係助詞「か」が付いています。そして、それに対応する述語は、「しる」で、終止形と連体形が同形であるため、連体形とは言い切れませんが、これまでの議論からすれば、連体形であると仮定しても、大きい問題は起きないと思います。仮に連体形であるとすれば、係助詞「ぞ・なむ・や」と全く同じパターンです。

　注意深い方は、また、気付きましたね。係助詞「か」の直後に、「は」が来ています。が、この「は」は、上で見たように、係り結びの一致を邪魔しません。「は」は、一致現象を起こす要素ではないので、ここでは、ただ透明に振舞っているだけです。

5章　係り結び　81

では、目的文以外に「か」が付く例もあるんでしょうか？ あります。

(25)　浅茅生の　小野の篠原　しのぶれど　あまりてなど か 人の 恋しき

番号	39
作者	参議等（さんぎひとし）（880 年-951 年）
読み方	あさじゅうの　おののしのはら　しのぶれど　あまりてなどか ひとのこひしき
意味	草が生えた小野の篠原の、その「しの」ではないが、いくら耐え「しの」んでも、こらえきれないほど、どうしてあなたのことが恋しいのだろう。

(25) では、付け足し文「あまりてなど」に、係助詞「か」が付いています。そして、それに対応する述語は、「恋しき」で、形容詞「恋し」の連体形です。再度、係助詞「ぞ・なむ・や」と全く同じパターンです。

　注意深い方は、また、気付きましたね。係助詞「か」の直後に、述語「恋しき」の目的語「人」が来ており、それに、「の」が付いています。これは、「の」主語ではなく、「の」目的語ですね。「の」目的語の例を考える前に、「の」主語が、形容詞の述語とともに現れる例を見ておきましょう。

(26)　a.　千鳥、いとをかし。

　　　　　‘千鳥は、たいへん趣がある。’

（枕草子・38 段）

　　　b.　牡丹など の 、をかしきこと

　　　　　‘牡丹などが、趣があること’

（枕草子・138 段）

「をかし」という形容詞があります。「趣がある」と訳すのが一般的です。(26a) では、終止形で、(26b) では、連体形です。(26b) に注目してください。「をかし」、それが連体形なら、その主語は、「の」主語であるということです。これを胸に、(25) を再度見てみましょう。

（25）では、形容詞「恋し」の連体形「恋しき」が現れています。そして、その論理的目的語は、「人」です。「人のことが恋しい」んです。この目的語は、日本語の特徴の一つで、「が」が付いています。「が」目的語です。これが、やはり、述語が連体形であると、「の」目的語に変わるのです。裸目的語ではない。「の」目的語なのです。つまり、主語だろうと目的語だろうと、述語が連体形なら、そして、それが3人称なら、「の」が付いてくるというわけです。参議等（さんぎひとし）の歌は、こんなことまで教えてくれているんですね。

では、まとめます。係助詞「か」は、目的文や付け足し文などに付くことができ、疑問を表します。もちろん、他の例を見れば、主語や動詞の一部にも付くことがわかるはずです。

最後の係助詞「こそ」に行く前に、百人一首中の「か」係り結びの例がどれほどあるか、明示しておきます。5例です。

（27）「か」係り結びの例

3. あしびきの 山鳥の尾の しだり尾の ながながし夜を ひとり か も 寝む
（柿本人麻呂）

39. 浅茅生の 小野の篠原 しのぶれど あまりてなど か 人の 恋しき
（参議等）

91. きりぎりす 鳴くや霜夜の さむしろに 衣かたしき ひとり か も 寝む
（後京極摂政前太政大臣）

27. みかの原 わきて流るる いづみ川 いつみきとて か 恋しかる らむ
（中納言兼輔）

53. 嘆きつつ ひとりぬる夜の 明くるまは いかに久しき ものと か は しる
（右大将道綱母）

それでは、最後に、「こそ」を含む係り結びの例を見てみましょう。「こそ」は、「ぞ・なむ」と同様、大雑把に言えば、それが付いた要素を強調します。ただし、「ぞ・なむ」は、述語の連体形を求めていたのに対し、

「こそ」は、述語の已然形を求めています。

(28) 長からむ 心も知らず 黒髪の みだれて今朝は 物を こそ 思へ

番号	80
作者	待賢門院堀河（たいけんもんゐんのほりかわ）（生没年不詳）
読み方	ながからん　こころもしらず　くろかみの　みだれてけさは ものをこそおもえ
意味	あなたの心が末永く変わらぬかどうかわからず、私の心は、黒髪のように乱れ、今朝は物思いに沈んでいる。

(28) では、文末近くに、「こそ」が現れ、その直後の述語は、動詞「思ふ」の已然形「思へ」になっています。この例においては、「こそ」が付いているのは、その動詞の目的語「物を」です。

では、主語に「こそ」が付く場合もあるんでしょうか？　あります。

(29) 滝の音は 絶えて久しく なりぬれど 名 こそ 流れて なほ聞こえ けれ

番号	55
作者	大納言公任（だいなごんきんとう）（966 年-1041 年）
読み方	たきのおとは　たえてひさしく　なりぬれど　なこそながれて なおきこえけれ
意味	滝の音が聞こえなくなってから、もう長い月日が経ったが、その評判は、世間に流れ、今も知られている。

「名こそ … 聞こえけれ」の部分に注目してください。述語「聞こえけれ」の最後の助動詞「けれ」は、過去を表す「けり」の已然形になっています。「名」が、「（流れて、）聞こえた」の主語になっています。

では、付け足し文に「こそ」が付く場合もあるんでしょうか？　あります。

(30)　恋すてふ　我が名はまだき　立ちにけり　人知れず[こそ]　思ひそめ[し][か]

番号	41
作者	壬生忠見（みぶのただみ）（生没年不詳）
読み方	こいすちょう　わがなはまだき　たちにけり　ひとしれずこそおもいそめしか
意味	恋をしているという私のうわさは早くも立ってしまった。人に知られぬよう、相手のことを思い始めたばかりだったのに。

(30) では、付け足し文「人知れず」に「こそ」が付き、その直後の述語「思ひそめしか」の最後の助動詞「しか」は、過去を表す「き」の已然形になっています。「人知れず」が、「思ひそめしか」を修飾する付け足し文になっています。

　では、動詞の一部に付くこともあるんでしょうか？ あります。

(31)　音に聞く　高師の浜の　あだ波は　かけじや袖の　濡れも[こそ][すれ]

番号	72
作者	祐子内親王家紀伊（ゆうしないしんのうけのきい）（生没年不詳）
読み方	おとにきく　たかしのはまの　あだなみは　かけじやそでのぬれもこそすれ
意味	評判の高い高師の浜の波は、体にかけないようにしよう。涙で袖を濡らすといけないから。それと同じように、あなたを心にかけないようにしよう。涙で袖を濡らすといけないから。

(31) では、「濡れもこそすれ」の「濡れも」に付いています。詳しく言えば、動詞「濡る（ぬる）」の連用形に、助詞「も」が付き、その後ろに、「こそ」が付いています。仮に、「濡れも」全体が動詞の一部であると考えると、「こそ」は、動詞の一部に付いていることになります。

　では、まとめます。係助詞「こそ」は、主語、目的語、付け足し語、動

5章　係り結び　85

詞の一部にかかわらず、強調しておきたい要素があれば、付くことができます。百人一首中の「こそ」係り結びの例は、11 例です。

(32)　「こそ」係り結びの例

23. 月見れば 千々にもの こそ かなしけれ 我が身ひとつの 秋にはあらねど
　　　　　　　　　　　　　　　　　　　　　　　　　　　　（大江千里）

41. 恋すてふ 我が名はまだき 立ちにけり 人知れず こそ 思ひそめ しか
　　　　　　　　　　　　　　　　　　　　　　　　　　　　（壬生忠見）

47. 八重葎 しげれる宿の さびしきに 人 こそ 見え ね 秋は来にけり
　　　　　　　　　　　　　　　　　　　　　　　　　　　　（恵慶法師）

49. みかきもり 衛士のたく火の 夜はもえ 昼は消えつつ 物を こそ 思へ
　　　　　　　　　　　　　　　　　　　　　　　　　　　　（大中臣能宣）

55. 滝の音は 絶えて久しく なりぬれど 名 こそ 流れて なほ聞こえ けれ
　　　　　　　　　　　　　　　　　　　　　　　　　　　　（大納言公任）

65. うらみわび 干さぬ袖だに あるものを 恋に朽ちなむ 名 こそ 惜し けれ
　　　　　　　　　　　　　　　　　　　　　　　　　　　　　（相模）

67. 春の夜の 夢ばかりなる 手枕に かひなく立たむ 名 こそ 惜しけれ
　　　　　　　　　　　　　　　　　　　　　　　　　　　　（周防内侍）

72. 音に聞く 高師の浜の あだ波は かけじや袖の 濡れも こそ すれ
　　　　　　　　　　　　　　　　　　　　　　　　　　　（祐子内親王家紀伊）

80. 長からむ 心も知らず 黒髪の みだれて今朝は 物を こそ 思へ
　　　　　　　　　　　　　　　　　　　　　　　　　　　（待賢門院堀河）

83. 世の中よ 道 こそ なけれ 思ひ入る 山の奥にも 鹿ぞ鳴くなる
　　　　　　　　　　　　　　　　　　　　　　　　　　　（皇太后宮大夫俊成）

92. 我が袖は 潮干に見えぬ 沖の石の 人 こそ 知ら ね 乾く間もなし
　　　　　　　　　　　　　　　　　　　　　　　　　　　（二条院讃岐）

この中で、一つおもしろい例があります。

(33)　世の中よ　道 こそ なけれ 思ひ入る　山の奥にも　鹿 ぞ 鳴く なる

番号	83
作者	皇太后宮大夫俊成（こうたいごうぐうのたいぶとしなり）（1114 年 – 1204 年）
読み方	よのなかよ　みちこそなけれ　おもいいる　やまのおくにも しかぞなくなる
意味	世の中には逃れられるような道はない。思いつめて入ったこの 山の奥にも、鹿が鳴いているのだから。

一つの歌に、係り結びを二つ入れ込む人。「こそ」係助詞と「ぞ」係助詞。このような作品を見ると、どうやったら、あっと言わせられるかを、相当考え込んでいたように思えます。でも、絶対に、規則を守る。「廊下は走らない」のです。上品だな。

　これまで、係助詞「ぞ・なむ・や・か・こそ」が関わる係り結び全体を見てきました。次のような疑問を抱いた方もいるかもしれません。

(34) a.　係助詞が付いた要素は、いつもいるはずの位置にいるのかな？
　　　b.　「ぞ・なむ・や・か」が来ると、なぜ、述語は、連体形なんだろう？
　　　c.　「こそ」が来ると、なぜ、述語は、已然形なんだろう？

完全には答えられないかもしれませんが、可能な回答を探っていきたいと思います。

　まず、（34a）から。具体的な例を見ると、この疑問の意味がわかりやすいかもしれません。百人一首の中で、決定打となる比較可能な例を見つけることができないため、他の作品から例を取ってきたいと思います。まず、動詞「申す」は、「…と」という埋め込み文を取ります。

5章　係り結び　87

(35)　比叡のわたりに、『もの忘れせさせたまへ』と 申しつる ほどに
　　　なむ

　　　‘比叡山で、『この恋を忘れさせて下さい』と申した時に’

　　　　　　　　　　　　　　　　　　　　　　　　（うつほ物語・藤原の君）

(35) においては、係助詞がないので、係り結びは起きていません。また、
「…と」は、動詞「申す」のすぐ左側にいます。では、「…と」に係助詞
「ぞ」が付いたら、どうなるでしょうか？

(36)　「知らず。 参らせよと ぞ、人の 申しつる 」と申す。

　　　　‘「知らない。来させよと、人が申した」と申す。’

　　　　　　　　　　　　　　　　　　　　　　　　（うつほ物語・国譲 上）

(36) では、埋め込み文「…と」に係助詞「ぞ」が付き、主語の「人の」を
飛び越えて、左側に来ています。日本語は、SOV 言語であるのに、この
構造は、OSV になっています。何が起きているんでしょうか？

　では、係助詞「か」が付いた場合はどうでしょうか？　まずは、動詞「言
ふ」を含む例。動詞「言ふ」は、「申す」と同様、「…と」という埋め込み
文を取ります。

(37)　 人柄によろづの罪をゆるして、さても見むと 言ひはべりし をり
　　　は、

　　　‘人柄をもってすべての罪を許し、そのまま婿にしようと申した
　　　時は、’

　　　　　　　　　　　　　　　　　　　　　（源氏物語（10帖）賢木）

(37) においては、係助詞がないので、係り結びは起きていません。また、
「…と」は、動詞「言ふ」のすぐ左側にいます。では、「…と」に係助詞
「か」が付いたら、どうなるでしょうか？

(38) 長かるまじき人のするわざと か、人も 言ひはべるめる

'先が長くない人が見せる兆候だと、人も申すようですね'

(源氏物語（49帖）宿木）

(38) では、埋め込み文「…と」に係助詞「か」が付き、主語の「人も」を
飛び越えて、左側に来ています。再度、日本語は、SOV 言語であるのに、
この構造は、OSV になっています。何が起きているんでしょうか。

　それでは、係助詞「こそ」が付いた場合はどうでしょうか？　まずは、動
詞「仰す」を含む例。動詞「仰す」は、「言ふ」の尊敬語です。「言ふ」と同
様、「…と」という埋め込み文を取ります。

(39) 「こは何ぞ」と 仰せ らるれば、

'「これは何か」とおっしゃると、'

(大鏡)

(39) においては、係助詞がないので、係り結びは起きていません。また、
「…と」は、動詞「仰す」のすぐ左側にいます。では、「…と」に係助詞
「こそ」が付いたら、どうなるでしょうか？

(40) …と こそ、入道殿は 仰せ らるなれ。

'…と、入道殿はおっしゃるそうだ。'

(大鏡)

(40) では、埋め込み文「…と」に係助詞「こそ」が付き、主語の「入道殿
は」を飛び越えて、左側に来ています。再度、日本語は、SOV 言語である
のに、この構造は、OSV になっています。何が起きているんでしょうか。

　Ikawa (1998) は、係助詞が付いた要素は、主語を飛び越えて、左側に
移動していると述べています。大野 (1993) も、「倒置」によって、係助
詞が付いた要素が前方に来ていると述べています。もちろん、この左側へ
の移動は、そういうことが起きやすいという傾向で、全部が全部そのよう

になっているというわけではありません。というのも、(19) のような例
があるからです。

(19)　今は、御名をば、『草の庵』と　なむ　、つけたる。

　　　‘今、あなたのお名前を（まさに）『草の庵』と、付けました。’

(枕草子·78 段)

この文には、主語が明示的に表されていませんが、述語「つけたる」は、
目的語「御名」と補語「『草の庵』」を取ります。そして、「『草の庵』」に係
助詞「なむ」が付いていますが、それ自体は、目的語よりも右にあり、そ
れを超えて、文頭に行っているようには見えません。

　それでも、「係助詞が付いた要素は、主語を飛び越えて、左側に移動し
ている」という傾向は、(35)-(40) の例から明らかです。これは、いった
い、何を意味しているでしょうか？　係助詞「ぞ」を例に取りましょう。
「ぞ」は、現代語でも、ちょっと冗談めかして言いたい時に、こんな場面
で使ったりします。

(41)　このバットでございます　ぞ　、ショウヘイ殿がお使いになったのは！

つまり、「ぞ」で強調しているわけですね。強調する必要がなければ、(42)
で十分だと思います。

(42)　ショウヘイが、このバットを使った。

あれ？　ってことは？　(41) って、(42) の「強調構文」なの？　そうです。
英語なら、こう言うことでしょう。

(43)　Shohei used this bat.

　　　‘ショウヘイが、このバットを使った。’

(44)　It is this bat that Shohei used.

　　　‘このバットですよ、ショウヘイが使ったのは！’

英語では、動詞 *use* は、他動詞ですから、目的語が必要です。(44) では、一見、*used* のあとに、目的語がありません。じゃあ、どこにあるのかな？はい、それは、文頭に、移動していったということです。移動の跡がわかるように、痕跡 = trace (*t*) を使って示してみましょう。

(45)　It is [this bat]$_1$ that Shohei used t_1.

あれ？　ってことは、日本語でも、係り結びには、移動が起きてるってこと？

(46)　[このバットでございます ぞ]$_1$、ショウヘイ殿が t_1 お使いになったのは！

そうです。(36) の例なら、こんな移動です。

(47)　参らせよとぞ $_1$、人の　t_1　申しつる

となると、意味も、

(48)　「来させよと」でございます ぞ、人が申したのは！

という具合です。

　強調なので、同じ場所にいるよりは、文頭に出てきて、ちょっと人目を引いているという感じでしょうか。それは、日本語古語も英語も同じことをやっているようです。となると、(34a) への回答は、(49) のようになります。

(34)　a.　係助詞が付いた要素は、いつもいるはずの位置にいるのかな？

(49)　いえ、主語があるなら、主語を超えて、文頭に移動しています。
　　　そういう傾向があります。

5章　係り結び　91

では、次は、(34b) の問いに取り組みたいと思います。

(34) b. 「ぞ・なむ・や・か」が来ると、なぜ、述語は、連体形なんだ
ろう？

この問いへの回答は、実は、(34a) の回答の中にヒントが隠されていま
す。もし、係り結びが強調構文なら、述語は、どうなっているでしょう
か？　もう一度、(46) を見てみましょう。

(46) ［このバットでございます ぞ]₁、ショウヘイ殿が *t*₁ お使いになったのは！

文末の述語を見てください。

(50)　お使いになったのは

(50) では、述語が、「は」で終わっています。百人一首の中に、そんな例
があるでしょうか？　ありました。

(51)　思ひわび さても命は あるものを 憂きに たへぬ は 涙なりけり

番号	82
作者	道因法師（どういんほうし）(1090 年-1182? 年)
読み方	おもいわび　さてもいのちは　あるものを　うきにたえぬは　なみだなりけり
意味	つれない恋人を思いつづけ、命だけはどうにかあるものの、この辛さにこらえきれないのは、私の涙だ。

(51) の「は」の前の述語は、「たへぬ」で、動詞「たへ」に、打消しの助
動詞「ず」の連体形「ぬ」が付いています。あれ、連体形だ。「は」の前に
くると、述語は、連体形になるようです。はい、まさに、これです。係り
結びにおいて、係助詞「ぞ・なむ・や・か」が来ると、述語が連体形にな

92

る理由は。大野 (1993, p. 199) もそう述べています。

係り結びが、もし、強調構文なら、

(46) [このバットでございます ぞ]₁、ショウヘイ殿が t₁ お使いになったのは！

のように、「は」で終わっているはずです。もしこの「は」が、係り結びにおいては、たまたま発音されないとすれば？ (47) の例なら、

(47) 参らせよとぞ ₁、人の t₁ 申しつる

こんなことが起きているはずです。もともと、文末に、「は」があり、

(52) 参らせよとぞ ₁、人の t₁ 申しつる は

それが、発音されなくなったと。

(53) 参らせよとぞ ₁、人の t₁ 申しつる は

こう考えれば、係助詞「ぞ・なむ・や・か」が来ると、述語が連体形になる理由が、それほど無理なく理解できそうです。

となると、(34b) への回答は、(54) のようになります。

(34) b. 「ぞ・なむ・や・か」が来ると、なぜ、述語は、連体形なんだろう？

(54) 「ぞ・なむ・や・か」係り結びは、強調構文であるので、文末に「は」があり、「は」の前は、述語連体形が来る必要があったため。ただし、実際には、その「は」は、発音されていない。

5章　係り結び　93

では、最後に、(34c) の問いに取り組みたいと思います。

(34) c. 「こそ」が来ると、なぜ、述語は、已然形なんだろう？

これは、厄介です。係り結びは、強調表現であるので、その述語は、上で見たように、連体形であるはずなのに、なぜか、「こそ」が来ると、述語の已然形を求めてくるのです。以下は、この問いへの回答の一可能性です。ヒントは、こんな日常会話にあるかもしれません。

(55) 『冬のソナタ』見たんだ けど 、実は、『春のワルツ』だった。

(55) では、逆接の接続助詞「けど」が使われています。前の文と対をなすように、後の文では、意味が反対方向に行っています。また、なぜか、(56) のように、「けど」を、順接の意味で使うことがあります。

(56) 『冬のソナタ』見たんだ けど 、うん、飛びぬけてた。

「けど」以降が、前の文を否定するような内容ではなく、むしろ、前の文を受けて、より肯定的な内容を、驚きを交えて伝えています。いずれにせよ、日常会話で普通に聞くものです。

　では、これを胸に、古語では、「けど」が文末に来ると、どうなるか見てみましょう。

(57) しのぶれ ど 色に出でにけり 我が恋は 物や思ふと 人のとふまで

番号	40
作者	平兼盛（たひらのかねもり）(? 年-990 年)
読み方	しのぶれど　いろにいでにけり　わがこいは　ものやおもうと　ひとのとうまで
意味	こらえていたが、顔に出てしまった、私の恋心は。人が、何か物思いをしているのかと尋ねるほどまでに。

現代日本語の逆接の接続助詞「けど」は、古語では、「ど」と考えてよさそうです。(57) において、「ど」の前の述語「しのぶれ」は、動詞「しのぶ」の已然形で、「耐える・我慢する」を意味しています。この例においては、「ど」以降の内容を考えれば、逆接の意味で使われています。

　あれ？ 已然形？ 匂う。係助詞「こそ」が来れば、述語は、已然形。一つの可能性として、以下のようなことが起きているのかもしれません。「ど」で終わる文は、以下が逆接でも順接でも、その話者の心の揺らぎ・驚き・感動を示しているようです。強調構文と少しだけ似ているかもしません。となると、「こそ」係り結びは、接続助詞「ど」が背後にあり、「こそ」が付く要素が心の揺らぎ・驚き・感動を示しているかもしれません。大野 (1993, p. 107) も、「こそ」係り結びには、接続助詞「ど」が背後にあると述べています。具体例で見てみましょう。

(58)　八重葎 しげれる宿の さびしきに 人 こそ 見え ね 秋は来にけり

番号	47
作者	恵慶法師（ゑきょうほうし）（平安時代中期）
読み方	やえむぐら　しげれるやどの　さびしきに　ひとこそみえね　あきはきにけり
意味	幾重にも草が生い茂り、荒れはてている宿に、人の姿は見えない。しかし、ここにも秋はやってきた。

(58) の重要部分は、以下です。

(59)　人 こそ 見え ね
　　　'人がまったく見えない'

(59) の述語「見えね」の最後の「ね」は、打消しの助動詞「ず」の已然形です。「こそ」係り結びが、もし、接続助詞を文末に伴っているとすれば、

(60)　人[こそ]見え[ね]ど

　　　　'人がまったく見えないんだけど'

のように、「ど」で終わり、かつ、話者の心の揺らぎも「けど」で示すことになります。もしこの「ど」が「こそ」係り結びにおいては、(61) のように、

(61)　人[こそ]見え[ね]**ど**

たまたま発音されないとすれば、係助詞「こそ」が来ると、述語が已然形になる理由が、それほど無理なく理解できそうです。

　となると、(34c) への回答は、(62) のようになります。

(34)　c.　「こそ」が来ると、なぜ、述語は、已然形なんだろう？

(62)　「こそ」係り結びは、強調構文で、文末に話者の心の揺らぎを示す接続助詞「ど」があり、「ど」の前は、述語已然形が来る必要があったため。ただし、実際には、その「ど」は、発音されていない。

(62) は、(34c) への一つの可能な回答ですから、今後の調査では、より妥当な回答が得られるかもしれません。

　では、この章のまとめをしておきます。強調や疑問を表す文において、係助詞「ぞ・なむ・や・か・こそ」は、主語、目的語（文）、付け足し語（文）、動詞の一部にかかわらず、付くことができます。また、人称が求める一致と、係り結びが求める一致では、係り結びが求める一致の方が、優勢です。これは、係助詞が、人称を示す要素の外側に付いており、構造的に、述語とより近い位置にあるということから来ています。さらに、係り結びは、強調構文で、係助詞が付いた要素が、文頭に移動する傾向があります。

　次の章に行く前に、ちょっと国外に目を向けてみたいと思います。こん

な問いを胸に。「係り結び現象は、日本語に特有なのかな？」以下では、タミル語とシンハラ語を見てみたいと思います。

　まず、タミル語から。Lehmann（1989）によると、タミル語は、ドラヴィダ語族に属する言語です。南インドや東南アジアで話されています。スリランカでは、シンハラ語とともに、公用語です。大野晋氏は、一連の著作の中で、日本語と古代タミル語の類似性を指摘し、古代タミル語は、日本語の成立に重要な要素となっていると述べています。以下、Lehmann（1989）より、現代タミル語のデータを紹介します。著者による修正を含んでいます。

　まず、(63) は、単文です。語順は、全く日本語と同じ。

(63)　Kumaar　nee<u>rr</u>u iṅkee　va-nt-aa<u>n</u>
　　　クマール　昨日　　ここに　来-た-3 人称男性単数
　　　'クマールが、昨日、ここに来た。'

ただし、述語は、人称において、主語と一致しています。もし、主語 *Kumaar* 'クマール' を強調したければ、タミル語では、*taa<u>n</u>* という要素を付けます。わかりやすくするために、ここでは、古語の「ぞ」と同じようなものだとしておきます。

(64)　Kumaar-$\boxed{\text{taa<u>n</u>}}$ nee<u>rr</u>u iṅkee　va-nt-$\boxed{\text{atu}}$
　　　クマール-ぞ　昨日　　ここに　来-た-連体形
　　　'まさにクマールが、昨日、ここに来た。'

(64) でとりわけ重要なのは、*taa<u>n</u>* が文中に現れたら、その述語は、必ず、連体形にならなければならないということです。（正確には、述語が名詞化されていると言いますが、話をわかりやすくするために、述語が連体形になっていると言います。名詞を修飾する述語の連体形は、7 章で見ます。）つまり、(63) では、述語は、終止形の *va-nt-$\boxed{\text{aa<u>n</u>}}$* '来-た-3 人称男性単数' でしたが、(64) では、連体形の *va-nt-$\boxed{\text{atu}}$* '来-た-連体形' に変

わっています。

　もし、強調したいものが、目的語 *Raajaa·v-ai·t* 'ラジャを'なら、(66) のように、その直後に *taan* を付けます。述語は、もちろん、連体形です。

(65)　Kumaar　Raajaa·v-ai·k kuuppit-t-aan
　　　　クマール　ラジャ–を　　呼ん–だ–3 人称男性単数
　　　　'クマールが、ラジャを呼んだ。'

(66)　Kumaar　Raajaa·v-ai·t-[taan] kuuppit-t-[atu]
　　　　クマール　ラジャ–を–ぞ　　呼ん–だ–連体形
　　　　'クマールが、まさにラジャを呼んだ。'

あるいは、強調したいものが、付け足し語 *vii·t-kku munnaal* '家の前に'であれば、(68) のように、その直後に *taan* を付けます。述語は、もちろん、連体形です。

(67)　Kumaar　vii·t-kku munnaal nin-r-aan
　　　　クマール　家–に　　の前　　立っ–た–3 人称男性単数
　　　　'クマールが、家の前に立った。'

(68)　Kumaar　vii·t-kku munnaal-[taan] nin-r-[atu]
　　　　クマール　家–に　　の前–ぞ　　立っ–た–連体形
　　　　'クマールが、まさに家の前に立った。'

さらに、付け足し文を強調したければ、それも可能です。(70) のように、付け足し文 *[kaaykari vaank-a·k]* '野菜を買いに'の直後に *taan* を付けます。述語は、もちろん、連体形です。

(69)　Kumaar [kaaykari vaank-a·k] katai-kku·p poo-n-aan
　　　　クマール [野菜　　買い–に] 店–に　　　行った–3 人称男性単数
　　　　'クマールが、野菜を買いに、店に行った。'

(70) Kumaar [kaaykaṟi vaaṅk-a·ṭ]-ṭaaṉ kaṭai-kku·p poo-ṉ·atu

クマール [野菜　　買い-に]-ぞ　店-に　　　行っ-た-連体形

'クマールが、まさに野菜を買いに、店に行った。'

では、疑問文でも同じような現象が起きているんでしょうか？　疑問を示す要素は、*aa* です。以下では、わかりやすくするために、古語と同じように、「か」と示します。おもしろいことに、タミル語の「か」は、古語と同じ点と異なる点があります。同じ点は、*aa*'か'が文中に現れることです。異なる点は、タミル語では、古語と違って、述語が連体形にならないことです。ちょっと、『半分、青い』感じです。(72) では、*aa* が目的語 *Raajaa·v-ai·t* 'ラジャを' に付いて、それを強調する疑問文になっています。述語は、終止形のままです。

(71) Kumaar neeṟṟu Raajaa·v-ai aṭi-tt-aaṉ

クマール 昨日　ラジャ-を　たたい-た-3 人称男性単数

'クマールが、昨日、ラジャをたたいた。'

(72) Kumaar neeṟṟu Raajaa·v-ai-y-ａａ aṭi-tt-aaṉ

クマール 昨日　ラジャ-を-か　　たたい-た-3 人称男性単数

'クマールが、昨日、まさにラジャをたたいの？'

もし、強調したいものが、付け足し語 *neeṟṟ* '昨日' なら、(73) のように、その直後に *aa* を付けます。述語は、終止形です。

(73) Kumaar neeṟṟ-ａａ Raajaa·v-ai aṭi-tt-aaṉ

クマール 昨日-か ラジャ-を　たたい-た-3 人称男性単数

'クマールが、まさに昨日、ラジャをたたいの？'

もし、強調したいものが、主語 *Kumaar* 'クマール' なら、(74) のように、その直後に *aa* を付けます。述語は、終止形です。

(74)　Kumaar-aa　neerru Raajaa·v-ai aṭi-tt-aan

　　　クマール-か　昨日　ラジャ-を　たたい-た-3人称男性単数

　　　'まさにクマールが、昨日、ラジャをたたいの？'

　まとめます。タミル語においては、日本語古語と同様に、*taan*'ぞ'を使えば、係り結び現象が現れ、述語は、連体形でなければなりません。*taan*'ぞ'は、主語、目的語、付け足し語、付け足し文に付くことができます。一方、*aa*'か'を使えば、それが文中に現れることは、古語と同じですが、述語が連体形にはなりません。この点が、日本語古語と少し違う点です。もう一点相違点があります。それは、タミル語の係り結びでは、日本語古語と異なり、係助詞が付いた要素が、文頭に移動しないことです。

　続いて、シンハラ語を見てみましょう。Henadeerage（2002）によると、シンハラ語は、インド・ヨーロッパ語族のインド・イラン語派の中のインド語派に属し、スリランカで話されています。タミル語とともに、スリランカの公用語です。シンハラ語の調査は、岸本秀樹氏が詳しく行っています。次の章で、その調査の一部に触れます。以下では、Henadeerage（2002）より、シンハラ語の基礎的データを紹介します。著者による修正を含んでいます。

　まず、(75) は、単文です。語順は、ほぼ日本語と同じ。「その」を示す語が、それを修飾する名詞の後ろに来ていることが、ちょっと異なる点です。

(75)　Nuwərə　bas-ekə　　dæn giy-a.

　　　カンディ バス-その　今　行った-終止形

　　　'カンディバスが、今、出発した。'

もし、主語 *Nuwərə bas-ekə* 'カンディバス'を強調したければ、シンハラ語では、*tamay* という要素を付けます。わかりやすくするために、ここ

でも、古語の「ぞ」と同じようなものだとしておきます。

(76)　Nuwərə　bas-ekə　tamay　dæn　giy-e.
　　　カンディ　バス-その　ぞ　　今　行った-連体形
　　　'まさにカンディバスが、今、出発した。'

(76) で重要なのは、*tamay* が文中に現れたら、その述語は、必ず、連体形にならなければならないということです。(正確には、*tammy* 'ぞ'を含む最小の文の中の述語を示す要素と言いますが、話をわかりやすくするために、述語が連体形になっていると言います。名詞を修飾する述語の連体形は、7章で見ます。) つまり、(75) では、述語は、終止形の *giy-a* '行った-終止形'でしたが、(76) では、連体形の *giy-e* '行った-連体形'に変わっています。

　もし、強調したいものが、付け足し語 *dæn* '今'なら、(77) のように、その直後に *tammy* を付けます。述語は、もちろん、連体形です。

(77)　Nuwərə　bas-ekə　　dæn　tamay　giy-e.
　　　カンディ　バス-その　今　　ぞ　　行った-連体形
　　　'カンディバスが、まさに今、出発した。'

　では、疑問文でも同じような現象が起きているんでしょうか？ 疑問を示す要素は、*də* です。以下では、わかりやすくするために、古語と同じように、「か」と示します。おもしろいことに、シンハラ語の「か」は、古語と同じです。*də* 'か'が文中に現れ、かつ、述語が連体形になっています。タミル語の場合よりも、古語に近いような状況です。(78) では、*də* が主語 *Nuwərə bas-ekə* 'カンディバス'に付いて、それを強調する疑問文になっています。述語は、連体形です。

(78)　Nuwərə　bas-ekə　　də　dæn　giy-e.
　　　カンディ　バス-その　か　今　　行った-連体形

‘まさにカンディバスが、今、出発したの？’

（79）では、*də* が付け足し語 *dæn* ‘今’に付いて、それを強調する疑問文になっています。述語は、連体形です。

（79）　Nuwərə　bas-ekə　　dæn　də　giy-e.
　　　　カンディ　バス-その　今　　か　行った-連体形
　　　　‘カンディバスが、まさに今、出発したの？’

シンハラ語のまとめ。シンハラ語においては、日本語古語と同様に、*tamay* ‘ぞ’を使えば、係り結び現象が現れ、述語は、連体形でなければなりません。同様に、*də* ‘か’を使っても、係り結び現象が現れ、述語は、やはり、連体形でなければなりません。タミル語よりも、日本語古語に近いように見えます。ただし、一点、シンハラ語と日本語古語には相違点があります。それは、シンハラ語の係り結びにおいては、日本語古語と異なり、係助詞が付いた要素が、文頭に移動しないことです。

では、本章の内容をまとめてみましょう。古語には、係り結びという「一致」現象がありました。人称の「一致」ではない「一致」で、英語の人称の一致どころではない状況です。「一致」が大好きな言語だと言えます。また、この係り結び現象は、日本語古語に特有のものではなく、ドラヴィダ語系のタミル語やインド・ヨーロッパ語系のシンハラ語にも存在しています。また、日本語の係り結びは、英語の強調構文と似ており、強調される要素が、左方向に移動しています。

次の章では、係り結びの中の「か」を含む例をさらに見て行きます。また、不思議なことが見えてくる気配があります。

6章　疑問文

言いたいこと：**寂しがり屋で奔放で**

　前章で、係り結びの概要を見ました。本章では、係助詞「か」に絞って、本当は何が起きているのか、見てみたいと思います。答えが待ちきれない方のために、先にお知らせしておきます。「か」は、寂しがり屋です。そして同時に、奔放な人です。

　前章では、係助詞「か」があれば、必ず、その文の中の述語は、連体形でなければならないということを見ました。

(1)　あしびきの　山鳥の尾の　しだり尾の　ながながし夜を　ひとり|か|も　寝|む|

番号	3
作者	柿本人麿（かきのもとのひとまろ）（生没年不詳）
読み方	あしびきの　やまどりのおの　しだりおの　ながながしよを　ひとりかもねん
意味	山鳥の垂れ下がった尾のように長い夜を、ひとり寂しく寝るのだろうか。

(1)は、yes/no 疑問文で、「ひとりで寝るのか」と、自問しています。「ひとり」に係助詞「か」が付き、その文の述語は、「寝む」で、最後の「む」

は、推量の助動詞「む」の連体形と考えてよさそうです。

　ひとまず、「か」と連体形が、同じ文の中にあるということは、この例から明らかです。ちょっと、「か」の寂しがり屋の性質が垣間見えます。が、まだ、これだけでは、はっきりとはわかりません。

　では、内容疑問文を見てみましょうか。

　（2）　嘆きつつ　ひとりぬる夜の　明くるまは　いかに 久しき　ものと か
　　　　は しる

番号	53
作者	右大将道綱母（うだいしやうみちつなのはは）(936? 年-995 年)
読み方	なげきつつ　ひとりぬるよの　あくるまは　いかにひさしき ものとかはしる
意味	あなたが来ないのを嘆きながら、一人で寝る夜の明けるまでは、どれほど長いものであると、あなたはわかっているだろうか。

（2）は、前章で見ました。（2）では、目的文「…いかに久しきものと」に、係助詞「か」が付いています。そして、それに対応する述語は、「しる」で、連体形と考えてよさそうです。（2）は、「と」で終わっているので、埋め込み文であるといったん考えておきます。「…いかに久しきもの（である）と」という具合に、括弧内の動詞があってもまったくおかしくないので、そう考えておきます。

　さて、この埋め込み文には、「いかに」という内容を問う疑問語が入っています。yes/no 疑問文ではなく、内容疑問文というわけです。疑問語は、いったいどういう性質をもっているんでしょうか？　以下に、他の疑問語を含む例を見て、考えてみましょう。まず、「誰（たれ）」から。

　（3）　草の庵を 誰 か たづね む
　　　　‘こんな庵をいったい誰が訪ねてくるでしょうか’

（枕草子・82 段）

(4)　誰を　か　取り　たまふ
　　　'誰をお取りになりますか'

（落窪物語）

(5)　誰に　か　は憂へ申しはべら　む
　　　'誰におすがり申しましょうか'

（枕草子・294 段）

　(3) では、「か」が主語の「誰」に付いています。(4) では、「か」が目的
語の「誰」に付こうとしましたが、格助詞の「を」がある場合は、その外側
に付く必要があるようです。(5) では、「か」が格助詞「に」を伴った目的
語の「誰」に付こうとしましたが、「を」の場合と同じように、「に」の外
側に付いています。これらすべての例において、述語は、連体形になって
います。これらの例からわかることは、係助詞「か」は、疑問語のすぐ近
くにいるということです。そして、同時に、述語連体形と同じ文の中にい
るということです。

　では、次に「何」を見てみましょう。

(6)　何　か　はあらむ。
　　　'一体何があるだろうか。'

（枕草子・208 段）

(7)　何を　か　思ふ
　　　'何を悩んでいるのか'

（枕草子・298 段）

(8)　何に　か　似たる。
　　　'何に似ているか。'

（枕草子・178 段）

　(6) では、「か」が主語の「何」に付いています。(7) では、「か」が目的語

の「何」に付こうとしましたが、格助詞の「を」があるので、その外側に付いています。(8) では、「か」が格助詞「に」を伴った目的語の「何」に付こうとしましたが、「を」の場合と同じように、「に」の外側に付いています。これらすべての例において、述語は、連体形になっています。これらの例からわかることは、「誰」の例と同様に、係助詞「か」は、疑問語のすぐ近くに現れ、同時に、述語連体形と同じ文の中にいるということです。

　この「か」の基本的な性質を胸に、再度、(2) の例を見てみましょう。

　　(2)　嘆きつつ　ひとりぬる夜の　明くるまは　いかに 久しき　ものと か
　　　　は しる

(2) では、疑問語は、「いか (に)」です。上で見たように、疑問語は、いつも、「か」と共起しています。「か」がないと、生きていけないのです。実際、(2) には、「か」があります。でも、ちょっと状況が違います。(9) のようであってもよさそうなのに、そうなっていないのです。

　　(9)　いかに-か

では、(9) のような表現は、古語では、禁止されているんでしょうか？実は、そうではないんです。

　　(10)　いか に か はすべからむ。
　　　　　‘どのようにすべきだろうか。’

　　　　　　　　　　　　　　　　　　　　　　　　　　　　　　（枕草子・298 段）

このように、「いかにか」は、『枕草子』で普通に使われています。(10) においては、係助詞「か」が「いか (に)」に近いところに現れ、そして、述語は、「すべからむ」で、その最後の「む」は、推量の助動詞の連体形であると考えてよさそうです。

　困りました。なぜ、(2) では、「いかにか」が不可能で、(10) では、可能なんでしょうか？

答えはもう知ってますね。はい、「か」は、寂しがり屋なのです。「か」
は、自分の一番大切な人として、述語の連体形を求めているのです。その
人とは、絶対に同じ文の中で、一番近づきやすい位置にいたい。近づきや
すい位置って？

　(7) を例に取って考えてみましょう。

　(7)　何 を か 思ふ
　　　'何を悩んでいるのか'

（枕草子・298 段）

(7) は、(11) であったら、だめな文になってしまいます。

　(11)　*何かを思ふ

(11) では、「か」が、「何」にくっ付き、「を」の内側に入り込んでいます。
実際、このような状態であっても、連体形「思ふ」とは、同じ文内にいま
すが、それでも、これではだめなんです。近くないんです。つまり、格助
詞「を」が、「か」が「思ふ」に近付きたいのに、(12) のように

　(12)　[[[何]か]を]

「か」をくるみこんでしまい、「か」が息ができない状態になっているので
す。こうなると、「か」と連体形が同じ文内にあっても、近くないのです。
近くなるためには、最もよく見える位置にいなければならないのです。そ
れが、(13) です。

　(13)　[[[何]を]か]

(13) においては、「か」が、「何をか」全体の一番外側にいますから、述
語連体形に、一番見えやすい位置にいるということになります。こうなれ
ば、「か」は、最も会いたかった人、連体形にも同じ文中で会えるし、ま
た、絶対に「か」を必要とする疑問語「何」にも、ケアができているとい

うことになるのです。つまり、「か」は、疑問語があれば、二つ仕事をしているというわけです。寂しがり屋だから、連体形の近くにいたい。心が優しいから、「何」のためにも、ちゃんと存在し、「何」を見てあげる。ただ、連体形の方がより気になるので、そちらに近い方に行ってしまう。だから、ちょっと奔放な性質もあるってことですね。

　さて、注意深い方は、こんな疑問を抱くかもしれません。(13)において、

　　(13)　[[[何]を]か]

「か」が一番外側にあるのは、さらに右側にある連体形と近い距離にいたいからであることは理解できるが、実は、「を」自体だって、「何」という名詞に近い距離にいたかったんじゃないかと。「を」は、格助詞です。名詞に付く性質があります。「を」は、「か」以外にも、「も」などと一緒に現れることがあります。中納言朝忠（ちゆうなごんあさただ）の歌です。

　　(14)　逢ふことの　たえてしなくは　なかなかに　人 を も 身をも 恨みざ
　　　　　らまし

番号	44
作者	中納言朝忠（ちゆうなごんあさただ）(910年-966年)
読み方	あうことの　たえてしなくは　なかなかに　ひとをもみをも　うらみざらまし
意味	あなたと逢うことが一度もなかったなら、あなたのことも自分のことも、恨むことはなかっただろう。

(14)において、重要な箇所は、(15)です。

　　(15)　[[[人]を]も]

古語において、「名詞＋もを」の例は、見当たりません。やはり、直観通

り、格助詞「を」は、名詞の隣にいなければ、自分の役目が果たせないのです。となると、言ってみれば、名詞と格助詞の間にも、一致関係があるようなものですね。こう考えると、(13) においては、「をか」の語順は、二つの一致が関与していて、だからこそ、その語順というわけですね。つまり、格助詞「を」は、名詞のすぐ右隣りにいる必要がある。同時に、係助詞「か」は、述語連体形のために、格助詞「を」の内側にいられず、「を」の右側にまで移動する必要があったということですね。

さあ、これを踏まえて、「か」の性質をまとめておきます。

(16) 「か」の性質

 a. 寂しがり屋（一定距離確保癖）：
  連体形と同じ文中に現れ、一番よく見える位置にいる。

 b. 奔放（移動癖）：
  疑問語をケアする。ただし、ちょっと離れてしまうこともある。

それでは、(16) を胸に、再度、(2) を見てみます。わかりやすいように、(17) で構造を明確にしておきます。

(2) 嘆きつつ　ひとりぬる夜の　明くるまは　いかに久しき　ものとか
  はしる

(17) [… [… いかに 久しきものと か は しる]

(17) では、まず、係助詞「か」は、述語連体形「しる」と同じ文内にいます。一番外の […] の内部です。内側の […] は、動詞「しる」の埋め込み文です。「と」で終わっています。この埋め込み文に、「か」が付いて、その位置から、疑問語の「いか（に）」を見てあげています。はい、しっかり、二つの仕事をしてくれています。寂しがり屋で奔放で。

では、もう一つ、百人一首の中にある疑問語を含む例を見てみましょう。

6章　疑問文　109

(18)　みかの原 わきて流るる 泉川 | いつ | みきとて | か | 恋しかる | らむ |

番号	27
作者	中納言兼輔（ちゆうなごんかねすけ）(877 年-933 年)
読み方	みかのはら　わきてながるる　いずみがわ　いつみきとてか こいしかるらん
意味	みかの原から湧き出て流れる泉川。その「いつみ」ではないが、 その人を「いつ見た」と言って、恋しく思ってしまうのだろうか。

(18) においては、付け足し文が入っています。(19) における [...] の部分です。

(19)　[いつ みきとて] か 恋しかる らむ

(19) では、まず、係助詞「か」は、「て」で終わる付け足し文の一番外側に付いて、述語「恋しかるらむ」と同じ文内におり、その最後の推量の助動詞「らむ」は、連体形だと考えてよさそうです。そして、この付け足し文に、「か」が付いて、その位置から、その内部の疑問語の「いつ」を見てあげています。はい、しっかり、二つの仕事をしてくれています。寂しがり屋で奔放で。

　疑問語「いつ」は、いつだって、係助詞「か」を必要とし、時には、(18) のように、結構な距離がありますが、また別の時には、わりあい近いところで共起できます。

(20)　| いつ | か | まゐる |
　　'いつ参上するのか'

(枕草子・78 段)

(20) では、疑問語「いつ」と係助詞「か」は、隣り合っています。その理由は「か」と述語連体形の「まゐる」が、そのまま、同じ文内にいて、「か」が今いる位置で、「まゐる」から最もよく見える位置にいるからです。

ここまで来ると、注意深い方は、こんなことに気付いてしまったかもしれませんね。「か」は、うろちょろしすぎてんなあと。そして、さらに気付いた方は、あれ？ これって、究極的には、現代日本語で、「か」が文末までうろちょろして行って、もう、面倒だから、他の場所に行くことをやめてしまったんじゃないかと。この考えに最初に至ったのは、外池滋生氏です。Tonoike (1992) をご覧ください。

実際、上で見たように、古語においても、「か」は、うろちょろしていたと言えます。その癖が強すぎて、現代語では、文末まで移動してしまっているということですね。古語と現代語を総合的に見ると、Tonoike (1992) に従えば、疑問語とともに現れる「か」は、日本語の歴史を通して、もともとは、疑問語の隣に現れ、必要に応じて右方向に移動しているということになります。具体的には、(19) と (20) を見れば、「いつ」は、どちらの場合でも、「か」がすぐ右隣りにいて、その後、必要に応じて移動したりしなかったりしたということになります。

(21)　いつ-か

　　　(19) も (20) ももともとこの形からスタート

(22)　いつ-[　]　　　　　　　　か

　　　(20) だけが、「か」が、[　] の位置から、現在の位置まで移動

そして、現代日本語も同じで、

(23)　いつ来ますか？

という文があれば、もともとは、

(24)　いつ-か 来ます

となっていて、その後、「か」が、文末まで移動したということになります。

6章　疑問文　111

(25)　いつ-[　]　来ます-か

現代日本語では、表面上の「か」と述語連体形が一定の距離を保って、同じ文内にいなければならないという約束がなくなり、もはや、本当に、述語にくっ付いてしまったように見えます。寂しすぎにもほどがあるといったところでしょうか。

　さて、本当にこのような「か」移動が起きていたとすると、古語において、こんなことも起きていたんだろうなあと予測できます。(2) の例における移動は、「か」が埋め込み文内部から、埋め込み文自体にくっ付いています。(18) の例における移動は、「か」が付け足し文内部から、付け足し文自体にくっ付いています。となると、最終的に「か」の位置と述語連体形の位置が、同じ文内部にあればいいのだから、古語においては、疑問語と「か」が、表面上、どれだけ離れていても、最終的に、「か」と連体形が近くにいるなら、問題ないということにならないかなと。本当にそうかどうか見てみましょう。

　まずは、この例から。紀茂行（きのもちゆき）（生没年不詳）の歌です。紀茂行は、紀貫之（きのつらゆき）（872 年-945 年）の父です。

(26)　花よりも　人こそあだに　なりにけれ　いづれ をさきに　こひむと
　　　か 見 し
　　　　'桜の花よりも、それを植えた人のほうが、はかなくなってしまった。花と人のどちらをさきに恋慕うようになると思ったことなどあるだろうか。'

（古今和歌集（16 巻）哀傷歌 850）

(26) の中の重要な構造を (27) に示します。

(27)　[いづれ をさきに　こひむと] か 見 し

(27) は、[...] の部分が、主文の述語「見し」の埋め込み文になっています。述語「見し」の「し」は、過去を示す助動詞「き」の連体形です。その埋め込み文の内部に、疑問語「いづれ」が入っています。

　では、「いづれ」と「か」は、どれくらい近くに共起できるんでしょうか？（28）の例で考えてみましょう。

　　(28)　これは、 いづれ か 雄、雌

　　　　　‘これは、どちらが雄か、どちらが雌か’

(枕草子・265 段)

はい、真隣です。となると、（27）の例においては、「か」は、もともとは、（29）のように、「いづれ」の間右にいたと考えてもよさそうです。

　　(29)　[いづれ –か –をさきに こひむと] 見 し

仮にこれが基底となる構造だとしましょう。すると、「か」は、まず、「を」より外に来る必要があります。「を」が、名詞の右隣りにいる必要があるからです。

　　(30)　[いづれ –[　]–を– か さきに こひむと] 見 し

しかしながら、ここで止まってしまうと、助動詞の連体形を含む述語「見し」とは、同じ文の内部にいられなくなってしまいます。「と」があるので、「か」は、埋め込み文の中に、そして、「見し」は、埋め込み文の外に。そこで、「か」は、さらに右に移動しなければなりません。

　　(31)　[いづれ –[　]–をさきに こひむと]– か 見 し

(31) では、「か」が、埋め込み文自体に付きました。すると、「見し」と同じ文内部にいることになります。これで、近さの問題はクリアーしました。同時に、疑問語「いづれ」をもケアしていることになります。ちょっと遠くに来ましたが。

6章　疑問文　113

　しかしながら、実は、このことは、もともと、「か」が疑問語「いづれ」の真隣にいたということ、それは、[　]で示されていますが、それからすれば、「か」は、はなっから、疑問語「いづれ」のことをケアしていたことになります。ずっとケアしているのです。同時に、述語連体形の近くにも行きながら。「か」、いいやつだな。ちょっと寂しがり屋で、奔放だけど。

　では、埋め込み文じゃない例はどうでしょうか？

（32）　海神の　いづれの神を　祈らばか　行くさも　来さも　船の早けむ
　　　　'海のどの神様にお祈りしたら、往路も帰路も船が早く進むだろうか。'

（万葉集（9巻）1784）
作者不詳

（32）の中の重要な構造を（33）に示します。

　（33）　[いづれの神を祈らば]か … 早けむ

（33）は、[…]の部分が、主文自体、あるいは、主文の述語「早けむ」を修飾する付け足し文で、その内部に、疑問語「いづれ」が入っています。述語「早けむ」の最後の「む」は、推量の助動詞で、連体形であると考えておきたいと思います。

　「いづれ」と「か」は、上で見たように、隣り合って共起できていました。したがって、「か」は、もともとは、（34）のように、「いづれ」の間右にいたと考えてもよさそうです。

　（34）　[いづれ-か-の神を祈らば] … 早けむ

仮にこれが基底となる構造だとしましょう。すると、「か」は、まず、「の」より、また、「神を」より、外に来る必要があります。「の」も「を」も、名詞の右隣りにいる必要があるからです。

(35)　[いづれ-[　]-の神を-か祈らば] … 早けむ

しかしながら、ここで止まってしまうと、述語連体形の「早けむ」とは、同じ文の内部にいられなくなってしまいます。「か」は、付け足し文の中に、そして、「早けむ」は、付け足し文の外に。そこで、「か」は、さらに右に移動しなければなりません。

(36)　[いづれ-[　]-の神を祈らば]-か … 早けむ

(36) では、「か」が、付け足し文自体に付きました。すると、述語「早けむ」と同じ文内部にいることになります。これで、近さの問題はクリアーしました。同時に、疑問語「いづれ」をもケアしていることになります。もともと、「か」は、疑問語「いづれ」の真隣にいたのだから、最初っから、「いづれ」のことをケアしていたというわけです。

　しかし、結構な距離を移動していますよね。もっと移動することもあるんでしょうか？

(37)　いかなる仏神に大願を立て、なでふことのたばかりをしてか、
　　　女の赴くべき
　　　　‘どのような神仏に願いを立て、どのようなことをしたら、女性
　　　　が振り向くだろうか’

（うつほ物語・藤原の君）

(37) では、「か」が付いた部分は、主文の述語「赴くべき」の付け足し文になっています。「赴くべき」の「べき」は、推量を表す助動詞「べし」の連体形です。したがって、「か」と述語連体形が、同じ文の中にともにあります。

　さて、(37) の中の重要な構造を (38) に示します。

(38)　[[[いかなる] 仏神に] 大願を立て …] か、女の赴くべき

6章　疑問文　115

(38) では、「か」が付いた付け足し文の中の最も深いところに、疑問語の
「いか」があります。(10) で見たように、「か」は、「いか（に）」に付くこ
とができます。

(10)　　いか に か はすべから む 。
　　　　‘どのようにすべきだろうか’

(枕草子・298 段)

そこで、(38) では、「か」が、もともと、「いか」の隣にいたと想定して
みましょう。

(39)　[[[いか - か -なる] 仏神に] 大願を立て...]、女の赴く べき

もし、「か」がその場所に留まっていたら、主文の述語連体形「赴くべき」
とは、同じ文内にいることになりません。したがって、「か」は、なんと
してでも、右方向に移動し、「赴くべき」に近づきたいのです。さいわい、
次のような例があり、

(40)　　いか なる人に か あらむ
　　　　‘どんな人物であろうか’

(枕草子・32 段)

「いか」から離れた「か」は、その右手の名詞「人」の近くまで移動してい
るので、(39) においても、「か」は、名詞「仏神」の近くまで移動すると
考えてみましょう。

(41)　[[[いか -[　]-なる] 仏神に]- か 大願を立て ...]、女の赴く べき

しかしながら、これでは、まだだめです。もし「か」がその場所に留まっ
ていたら、主文の述語連体形「赴くべき」とは、同じ文内にいることにな
りません。したがって、「か」は、さらに右方向に移動し、最終的に、(38)
のように、付け足し文の最後尾まで移動しているのです。(38) では、「か」

が、関係節「いかなる」を飛び越え、名詞「仏神」を飛び越え、付け足し文内の述語を飛び越え、さらには、[...] にある別の文まで飛び越え、最終的に付け足し文自体に付いています。これによって、述語「赴くべき」と同じ文内部にいることになります。これで、近さの問題はクリアーしました。同時に、疑問語「いか」もケアしていることになります。もともと、「か」は、疑問語「いか」の真隣にいたのだから、そもそも、疑問語のことをケアしていたというわけです。

　これまでのところをまとめます。「か」の性質は、こんなことでした。

(16)　「か」の性質
  a.　寂しがり屋（一定距離確保癖）：
   連体形と同じ文中に現れ、一番よく見える位置にいる。
  b.　奔放（移動癖）：
   疑問語をケアする。ただし、ちょっと離れてしまうこともある。

さて、(16) は、いったい何を意味しているでしょうか？　それは、「か」が、二つも「一致」をしていることです。まずは、近い所で、述語連体形と一致する。これは、前章で見たことです。そして、さらに、もともと、「か」は、疑問語の右隣りか、それに近い所にいたのだから、はじめっから、「か」と疑問語は、一致の関係にあって、仲間として、文の中に現れてきたのです。それが、諸事情で、ちょっと右方向の離れた位置に表面上いなければならなくなったというだけです。またもや「一致」。なんとも、日本語とは、一致にまみれた言語ってことなんですね。

　さて、ここまで来て、注意深い方は、こんな疑問を抱いているかもしれません。シンハラ語に係り結び現象があったのなら、シンハラ語の疑問文にも、日本語古語と同じようなことが起きているんじゃないか。はい、予測通りです。岸本秀樹氏の調査で明らかになってきました。Kishimoto (1992, 2005) を参考にしてください。以下の例は、すべて、Kishimoto

6章　疑問文　117

(1992) からです。著者による修正を含んでいます。

　まず、主語の疑問文から。

(42)　Kau-də potə kieuw-e?
　　　誰-か　本　読んだ-連体形
　　　'誰がその本を読みましたか？'

(42) では、主語の疑問語 kau '誰' の直後に、疑問を示す助詞 də、古語
で言うなら、係助詞「か」が付いています。そして、動詞述語は、連体形
です。

　目的語も同様です。

(43)　Chitra monəwa-də kieuw-e?
　　　チトラ 何-か　　　読んだ-連体形
　　　'チトラは、何を読みましたか？'

(43) では、目的語の疑問語 monəwa '何' の直後に、疑問を示す助詞 də
が付いています。そして、動詞述語は、連体形です。

　今度は、疑問語の直後に助詞が来る例です。

(44)　Chitra kauru ekkə-də kataa kəle-e?
　　　チトラ 誰　　と-か　話　した-連体形
　　　'チトラは、誰と話しましたか？'

(45)　Chitra kohee indan-də enn-e?
　　　チトラ どこ　から-か　来た-連体形
　　　'チトラは、どこから来ましたか？'

(44) と (45) において、疑問語 kauru '誰' や kohee 'どこ' の直後には、
助詞が来て、その直後に、疑問を示す助詞 də が付いています。しかし、
もし、də が、疑問語の直後に来たら、その文は、非文となります。

118

(46) *Chitra kau-də ekkə kataa kəle-e?
　　　チトラ 誰-か　 と 　話 　した-連体形
　　　'チトラは、誰と話しましたか？'

(47) *Chitra kohee-də indan enn-e?
　　　チトラ どこ-か　 　から　来た-連体形
　　　'チトラは、どこから来ましたか？'

これは、日本語の古語の状況と全く同じです。(7) は、

(7)　 何を か 思ふ
　　　'何を悩んでいるのか'

(枕草子・298 段)

(11) であったら、まったくだめな文になってしまいます。

　(11)　*何かを思ふ

疑問語とそれが必要とする助詞があれば、係助詞は、それ全体の後に来な
くてはなりません。シンハラ語も全く同じです。
　次は、もう少し複雑な文です。関係節の中に疑問語が入っている例です。

(48)　 Oyaa　 [kauru liyəpu] potə-də kieuw-e?
　　　 あなた [誰　　 書いた] 本-か　 読んだ-連体形
　　　 'あなたは、誰が書いた本を読みましたか？'

(48) では、関係節が名詞 potə '本' を修飾しています。疑問を示す助詞
də は、この関係節を含む大きい名詞に付いています。日本語古語と全く
同じです。

6章　疑問文　119

(49)　[いづこより取う出たまふ] 言の葉にかあらむ

'どこから取り出しなさる言葉であろうか'

（源氏物語（2帖）帚木）

(37) では、係助詞「か」が、疑問語「いづこ」を含む関係節が修飾する名詞「言の葉（に）」に付いています。

　そして、シンハラ語においては、もし、疑問を示す助詞 də が関係節内部にあり、主文の述語と同じ文の中にいなければ、まったくの非文となってしまいます。

(50)　*Oyaa　[kau-də liyəpu] potə kieuw-e?

あなた [誰-か　書いた] 本　読んだ-連体形

'あなたは、誰が書いた本を読みましたか？'

日本語古語でも、(50) のような構造をもつ疑問文は見つからないことから、同じことが起きていると考えてもよさそうです。

　最後に、シンハラ語では、疑問を示す助詞 də が疑問語を含む付け足し文に付くことができます。

(51)　[Kauru enə kotə]-də Ranjit　paaḍam karamin hiti-e?

[誰　来た 時]-か　ランジット 勉強　してい　た-連体形

'誰が来た時、ランジットは、勉強していましたか？'

しかしながら、もし、その疑問を示す助詞 də が、付け足し文内部にあれば、その文は、非文となります。

(52)　*[Kau-də enə kotə] Ranjit　paaḍam kəramin hiti-e

[誰-か　来た 時] ランジット 勉強　してい　た-連体形

'誰が来た時、ランジットは、勉強していましたか？'

これも、日本語古語と同じです。

(32)　海神の　いづれの神を　祈らばか　行くさも来さも　船の早けむ

　　‘海のどの神様にお祈りしたら、往路も帰路も船が早く進むだろ
　　うか。’

(万葉集 (9 巻) 1784)

作者不詳

(32) の構造は、(33) で、

(33)　[いづれの神を祈らば]か …早けむ

係助詞「か」が、付け足し文全体に付いて、その付け足し文の中に、疑問
語があります。日本語古語においても、(52) のような構造をもつ疑問文
は見つからないことから、同じことが起きていると考えてもよさそうで
す。

　まとめます。日本語古語の疑問文の係り結びと同じ現象が、現代シンハ
ラ語の疑問文に見られます。残念ながら、タミル語の疑問文の詳しい調査
は、本書ではできませんでした。興味がある方は、是非、やってみてくだ
さい。前章から、係り結び現象を見てきました。この現象は、韓国語やモ
ンゴル語には見られないようです。一方、タミル語やシンハラ語には見ら
れます。シンハラ語は、疑問文の係り結び現象に関しては、似すぎている
ほど、日本語古語に似ています。ただし、日本語古語における傾向とは異
なり、シンハラ語においては、係助詞が付いた要素が、文の先頭に移動す
ることはないようですが。

　本書では、これらの事実を提示するにとどめ、あとの物語は、みなさん
に委ねたいと思います。

　次の章に行く前に、注意深い読者の方々のために、ちょっと気になる二
つの要素を見ておきたいと思います。英語においてなら、*someone* を意
味する「誰か」のような要素と *everyone* を意味する「誰も」のような要素
です。

6章　疑問文　121

　古語において、「誰か」と言えば、それは、内容を問う疑問文になってしまうため、現代日本語における「ある人」という意味の「誰か」としては、存在していないようです。その代わり、それを表す語は、「（ある）人」が使われていたようです。同じように、英語においてなら、*something* を意味する「何か」のような要素も、古語においては、「何か」と言えば、それは、内容を問う疑問文になってしまうため、現代日本語における「あるもの」という意味の「何か」としては、存在していないようです。その代わり、それを表す語は、「もの」が使われていたようです。

　一方、古語においては、「誰も」は、普通に存在しました。「誰か」は、内容を問う疑問文で使われるため、*someone* を意味する「誰か」としては使用されませんでしたが、「誰も」は、そのように混同される文が存在しないため、普通に使用されたのかもしれません。

(53)　誰も、『あやしき御長居』とこそはべるめれ。
　　　‘誰もが、『不思議なほど長く帰っていらっしゃる』と思っているようだ。’

(枕草子・138 段)

　そうなると、現代日本語において、「誰か」や「何か」は、内容を問う疑問文とどういう関係になっているんでしょうか？「誰」を例に、考えてみましょう。

(54)　誰かが来ました。

(55)　誰が来ましたか？

(54) と (55) は、それぞれ、平叙文と疑問文で、全く異なることを意味しています。わかりやすいように、次のように表してみましょう。

(56)　誰 か が来ました。

(57) 　誰　が来ました　か　？

Tonoike（1992）が正しければ、(57) は、「か」の移動を含んでいます。

(58) 　誰　t_1 が来ました　か$_1$　？

となると、疑問文になる前は、(56) と同じ形であったということになります。

(56) 　誰　か　が来ました。

そうすると、「誰かさん」と「誰ですか？」って、簡単に言えば、こんな関係なんでしょうか？

(59) 　誰か　さんが来たんですよ。
　　　で、その誰かさんって、誰？
　　　つまり、
　　　誰　が来たんです　か　？

日本語古語においては、疑問文は、例えば、「誰」と「か」が隣同士にいました。ただし、実際には、文末の述語が、連体形となっており、「か」と一致現象を起こしていました。現代日本語に向かうにつれ、まるで、その一致に誘惑されるかのように、「か」が文末に移動することになりました。それが疑問文になったのです。一方、古語においては、「誰かさん」を表すには、「誰」を使うことができませんでした。ところが、現代日本語においては、「か」が元々あった位置は、言ってみれば、自由に使える場所になったので、「か」を置けば、「誰かさん」を表しても問題ないという状態になったわけです。そして、その「か」がその場にいれば、「誰かさん」を表し、文末まで移動する理由があれば、文末まで移動して、「誰ですか？」を表すことになったというわけです。

6章　疑問文　123

　このように、古語の疑問文は、まるで、現代日本語の疑問文を見据えていたかのように、「か」と文末述語との間に一致があり、日本語は、なんだか、一見そうは見えなさそうなのに、一致であふれているように見えてきました。

　そして、Tonoike（1992）が正しく、現代日本語においては、「か」が連体形を求めて右方向に移動し、文の端っこまで移動しているとすれば、これって、あの言語における「あれ」にそっくりですね。そうです。英語の疑問文です。

(60)　　　　　　　　Shohei bought something.

(61)　I know what₁ Shohei bought t₁.

日本語の疑問文では、「か」が文の右端に移動するのに対し、英語の疑問文では、*what* が文の左端に移動しています。つまり、日本語でも英語でも、平叙文では何も起きないのに、疑問文になると、途端に、何か胸騒ぎがして、その場にいられなくなるようです。恥ずかしいのか目立ちたいのか、文の端っこに移動したがるのです。もし、日本語における「か」の移動が、もともと係り結びにおける「一致」の結果、つまり、「か」と連体形の一致の結果から来ているのだとすると、そして、もし、英語と日本語において、疑問文において起きていることが同じ理由によるとすると、英語の疑問文における *what* の移動は、実は、なんらかの「一致」によって起きているかもしれませんね。それは、なんとなくわかる気がします。疑問文なので、(61)であれば、*know* という動詞が、私は、疑問を示す要素が必要ですよというサインをそもそも出していて、仮にそれを、Q（question の意味です）とすると、(61)で移動が起きる前には、(62)のように、Qサインが出ていたのかもしれません。もちろん、Q自体には、音はありませんが。

(62) I know [Q [Shohei bought what]].

このQは、日本語で言うなら、述語連体形のようなもので、頼むから、何か自分の近くに来てくれ、一人では恥ずかしいのだから、と叫んでいるようなものです。誰かと「一致」したいのです。そして、その声に触発されて、*what* が、Q の隣まで、移動していくというシナリオです。

(63) I know [what₁-Q [Shohei bought *t*₁]].

移動の引き金が、日本語と英語では、厳密に同じであるかどうかは別として、移動自体が起きていることは同じです。なんだか、日本語と英語が、これまで考えていた以上に似ているような気がしてきました。

　こんなことを気付かせてくれたのは、日本語古語の連体形ですね。また、疑問が湧いてきます。モンゴル語・タミル語・シンハラ語にも連体形があることは前に見ました。それ以外にも、連体形を持つ言語ってあるのかな？　次の章で見てみたいと思います。

7章　連体形仲間

言いたいこと：**親戚がいっぱい**

　前章で、日本語古語の疑問文の構造をじっくり見ました。その中で、述語の活用形の連体形が重要な役割を果たしていることを学びました。本章では、日本語古語以外にも、連体形が決定的役割を果たしているような言語があるかどうか、じっくり見てみたいと思います。もちろん、すでに、いくつかの言語に連体形があることは見てきました。以下では、おさらいとして、再度見ていきます。

　連体形が重要な役割を果たしていると言うためには、その言語において、他の活用形がなければなりません。最もわかりやすいのは、終止形です。したがって、ある言語を見る際、終止形と連体形が異なる形をしているかどうかまず見極める必要があります。

　まずは、終止形と連体形が異なる形をしていない言語から見ていきます。連体形は、「体」に「連なる」という意味で、「体」は、「体言」、つまり、「名詞」ですから、名詞を修飾する文、つまり、関係節に現れます。そこで、以下では、単文と関係節の二つに焦点を絞って見ていきます。まずは、スワヒリ語。スワヒリ語は、ケニア、タンザニア、ウガンダ、ルワンダにおいては公用語で、アフリカ東岸部で国を越えて広く使われています。ニジェール・コンゴ語族のバントゥー語群に属しています。語順は、SVO です。以下、R は、関係代名詞、あるいは、関係節を示す要素を意

味します。スワヒリ語の例は、Vitale（1981）からです。著者による修正
を含んでいます。

(1)　Watoto　wa-li-m-piga　　　　　Juma.
　　　子供たち　彼らが‐た‐彼を‐たたい　ジュマ
　　　'子供たちが、ジュマをたたいた。'

(2)　watu amba-o [wa-li-m-piga　　　　　Ahmed]
　　　人々　R‐人々 [彼らが‐た‐彼を‐たたい　アフマド]
　　　'アフマドをたたいた人々'

(1) は、単文、(2) は、関係節です。その内部の動詞は、ともに *wa-li-m-piga* で、表面上、形に差はありません。スワヒリ語の動詞の構成は、なかなか複雑です。主語と目的語を動詞の前後で言いながら、動詞内部においても、その主語と目的語を示す人称代名詞が入り込んでいます。さらに、過去を表す *li* 'た' が、目的語を示す人称代名詞 *m* '彼を' によって、動詞と離れています。(2) は、主語が関係節化されています。目的語が関係節化されている例も見ておきましょう。

(3)　Bubu a-li-weka　maiti tundu-ni.
　　　祖父　彼‐た‐入れ　死体　穴‐に
　　　'祖父が、穴に死体を入れた。'

(4)　vitu　amba-vyo Juma　a-li-weka　sanduku-ni
　　　もの　R‐もの　　ジュマ　彼‐た‐入れ　トランク‐に
　　　'ジュマが、トランクに入れたもの'

再度、その内部の動詞は、ともに *wa-li-m-piga* で、表面上、形に差はありません。(1) と (3) の動詞は、終止形、(2) と (4) の動詞は、連体形なんでしょうか？
　二つの可能性があります。スワヒリ語には、終止形しかない。あるい

は、スワヒリ語においては、終止形と連体形が同形だ。このどちらが正しいかは、わかりません。本書では、ひとまず、ある動詞が単文で使われても、関係節で使われても、表面上、形に差がないと言います。

続いて、英語。インド・ヨーロッパ語族ゲルマン語派の言語です。語順は、SVO です。本章の英語の例は、Richard Albert 氏より。

(5) Mary 　read　 the 　book.
　　　メアリー　読んだ　その　本
　　　'メアリーは、その本を読んだ。'

(6) 　the 　book 　which 　[Mary 　　read]
　　　その　本　　R 　　　[メアリー　読んだ]
　　　'メアリーが読んだ本'

(5) は、単文、(6) は、関係節です。スワヒリ語の例と同じように、単文においても、関係節においても、動詞は、ともに *read* で、表面上、形に差はありません。

続いて、フランス語。インド・ヨーロッパ語族のイタリック語派の言語です。語順は、SVO です。以下の例は、Gilles Guerrin 氏より。

(7) Marie 　a vu 　le 　　film.
　　　マリー　見た　その　映画
　　　'マリーは、その映画を見た。'

(8) 　le 　　film 　que 　[Marie 　a vu]
　　　その　映画　R　　[マリー　見た]
　　　'マリーが見た映画'

(7) は、単文、(8) は、関係節です。ともに、*a vu* で、表面上、形に差はありません。

続いて、アイルランド語。インド・ヨーロッパ語族のケルト語派の言語

です。語順は、VSO です。Maki and Ó Baoill (2011, 2017) からの例を
一部修正しました。

(9) Cheannaigh Máire   an   carr.
   買った   モーィレ その 車
   'モーィレがその車を買った。'

(10) an   carr a [cheannaigh Máire]
   その 車 R [買った   モーィレ]
   'モーィレが買った車'

(9) は、単文、(10) は、関係節です。ともに、*cheannaigh* で、表面上、
形に差はありません。

　ああ、インド・ヨーロッパ語族の言語だから、終止形と連体形の形に、
差がないんだなと、一瞬思ってしまうかもしれません。しかしながら、す
でに見たように、シンハラ語は、インド・ヨーロッパ語族インド・イラン
語派インド語派に属していますが、しっかり、連体形を持っています。語
順は、SOV です。まずは、前に見た係り結びの例から。Henadeerage
(2002) より。

(11) Nuwərə bas-ekə   dæn giy-a.
   カンディ バス-その 今 行った-終止形
   'カンディバスが、今、出発した。'

(12) Nuwərə bas-ekə   dæn tamay giy-e.
   カンディ バス-その 今 ぞ 行った-連体形
   'カンディバスが、まさに今、出発した。'

(11) の単文の中の付け足し語 *dæn* '今' を係助詞 *tamay* 'ぞ' で強調する
と、(12) におけるように、述語が連体形で終わらなければなりません。
この例は、関係節を含んでいないため、関係節を含む例も見ておく必要が

あります。

(13) guruwərəya laməya-ṯə poṯə dunn-a.
　　　先生　　　　子供-に　　本　　与えた-終止形
　　　‘先生が、子供に本を与えた。’

(14) [guruwərəya laməya-ṯə dunn-ə]　　　poṯə
　　　[先生　　　　子供-に　　与えた-連体形] 本
　　　‘先生が、子供に与えた本’

(13) は、単文で、(14) は、関係節です。関係節内の動詞は、連体形になっています。Henadeerage (2002, p. 47) によれば、厳密には、動詞が動詞的形容詞 (verbal adjective) に変更されていると言います。英語で言えば、(16) のような例です。

(15) The UFO will fly.
　　　‘その UFO は飛ぶだろう。’

(16) unidentified fly ing object
　　　‘未確認飛行物体’ = ‘UFO’

動詞 *fly* に *ing* が付くことで、動詞が形容詞的になり、*object* ‘物体’ を修飾しています。仮に、動詞的形容詞を、名詞を修飾するという理由で、連体形と呼ぶとすると、シンハラ語では、関係節内部の（複合）動詞が連体形になっていると言えます。

　注意深い方は、英語における *ing* も連体形ではないかと考えるかもしれません。それでもかまいませんが、一点だけ、これまで見てきた例とは異なる点があります。それは、英語においては、動詞的形容詞を使って、主語を含む関係節が完成できないのです。具体的には、英語では、*ing* を使って、「本」を修飾するような関係節ができないのです。

(17) *[the teacher('s) to the child giv[ing]] book
意図された意味 '先生が子供に与えた本'

(18) *the book of [the teacher('s) giv[ing] to the child]
意図された意味 '先生が子供に与えた本'

ということで、本書では、英語の *ing* は、日本語古語におけるような連体形とは異なるとしておきたいと思います。

さらに注意深い方は、これはどうなんだと思うかもしれません。

(19) the book [giv[en] by the teacher to the child]
'先生によって子供に与えられた本'

(19) では、*ing* の代わりに、*en* が使われています。これなら主語も含み (*by the teacher* '先生によって') 正しい表現ですが、主語が述語 *given* の後ろに置かれ、「受け身」の意味が加わってきており、単文における意味と少し異なってきていることから、英語における *en* も、日本語古語におけるような連体形とは異なるとしておきたいと思います。

では、次にタミル語を見てみましょう。タミル語は、ドラヴィダ語族に属する言語です。SOV 言語です。実は、他の語族との関係がいまだにはっきりしておらず、インド・ヨーロッパ語族であるかどうかわからないようです。そうではあっても、すでに、タミル語に連体形があることは見ました。係り結びです。Lehmann (1989) より。

(20) Kumaar Raajaa·v-ai·k kuuppiṭ-ṭ-[aan]
クマール ラジャ−を   呼ん−だ−3 人称男性単数
'クマールが、ラジャを呼んだ。'

(21) Kumaar Raajaa·v-ai-t-[taan] kuuppiṭ-ṭ-[atu]
クマール ラジャ−を−ぞ   呼ん−だ−連体形
'クマールが、まさにラジャを呼んだ。'

（20）の単文の中の目的語 *Raajaa·v-ai·t*‘ラジャーを’を係助詞 *taan*‘ぞ’
で強調すると、（21）におけるように、述語が連体形で終わらなければな
りません。この例は、関係節を含んでいないため、関係節を含む例も見て
おく必要があります。

（22）　Kumaar　oru　peṭṭi(·y-ai)　vaaṅk-in-aan
　　　　クマール　一つ　箱-を　　　買っ-た-3 人称男性単数
　　　　‘クマールが、箱を一つ買った。’

（23）　[naan neerru vaaṅk-i·y-a]　　anta·p periya peṭṭi
　　　　[私　　昨日　買っ-た-連体形] あの　大きな　箱
　　　　‘私が昨日買った大きな箱’

（22）は、単文で、（23）は、関係節です。関係節内の動詞は、連体形に
なっています。Lehmann（1989, p. 164）によれば、厳密には、*a* は、動
詞に付いて、形容詞化するものです。仮に、この要素を、名詞を修飾する
という理由で、連体形と呼ぶとすると、タミル語においても、関係節内部
の（複合）動詞が連体形になっていると言えます。

　では、次は、ウルドゥ語を見てみましょう。ウルドゥ語は、インド・
ヨーロッパ語族インド・イラン語派インド語派に属する言語の一つで、パ
キスタンの国語です。SOV 言語です。以下の例は、Maki and Bhutto
（2013）からです。著者による修正を含んでいます。

（24）　John-ne　kal　kitab khareedi.
　　　　ジョン-が 昨日 本　　買った
　　　　‘ジョンが、昨日、本を買った。’

（25）　jo kitab [John-ne　kal　khareedi]
　　　　R　本　[ジョン-が 昨日 買った]
　　　　‘ジョンが、昨日、買った本’

(26) [kal John-ki khareedi-hui] kitab
[昨日 ジョン-の 買った-連体形 本
'ジョンが、昨日、買った本'

ウルドゥ語は、おもしろいことに、英語タイプの関係節が名詞の後に来る構造 (25) と、日本語タイプの関係節が名詞の前に来る構造 (26) の二つが許される言語です。そして、さらにおもしろいことに、英語タイプの構造においては、関係節内部の動詞は、単文の動詞と同じで、終止形だと考えてよさそうです。一方、日本語タイプの構造においては、関係節内部の動詞は、連体形になっています。さらにおもしろいことは、日本語タイプの構造においては、「の」主語が現れています。

　続いて、ベンガル語。ベンガル語は、インド・ヨーロッパ語族インド・イラン語派インド語派に属する言語の一つで、バングラデシュの国語です。SOV 言語です。以下は、牧 (2021) からの例を修正しました。

(27) Monir gotokal boi-ti pore-silo .
モニール 昨日 本-その 読ん-だ
'モニールが、昨日、その本を読んだ。'

(28) shei boi [jeta Monir gotokal pore-silo]
その 本 [R モニール 昨日 読ん-だ]
'モニールが昨日読んだ本'

(29) [gotokal Monir-er por-a] boi-ti
[昨日 モニール-の 読ん-だ.連体形] 本-その
'昨日モニールの読んだ本'

ベンガル語も、ウルドゥ語と同じように、英語タイプの関係節が名詞の後に来る構造 (28) と、日本語タイプの関係節が名詞の前に来る構造 (29) の二つが許される言語です。そして、ウルドゥ語と同じように、英語タイ

プの構造においては、関係節内部の動詞は、単文の動詞と同じで、終止形だと考えてよさそうです。一方、日本語タイプの構造においては、関係節内部の動詞は、連体形になっています。さらにおもしろいことは、日本語タイプの構造においては、「の」主語が現れています。

続いて、トルコ語を見てみましょう。トルコ語は、テュルク諸語の南西語群（オグズ語群）に属する言語です。語順は、SOV です。以下の例は、İsa Kerem Bayırlı 氏からです。

(30) Biz　　yemeğ-i　pişir-di-k.
　　　私たち　食べ物-を　料理し-た-1 人称複数
　　　'私たちが、食べ物を料理した。'

(31) [Biz-im　　pişir-diğ-imiz]　　　　　　　yemek
　　　[私たち-の　料理し-た.連体形-1 人称複数]　食べ物
　　　'私たちが料理した食べ物'

(30) は、単文で、(31) は、関係節です。トルコ語では、主語と述語の人称・単数複数に関して、一致があります。そして、関係節内の動詞は、連体形になっています。

次に、モンゴル語を見てみましょう。すでに、2 章で見ました。モンゴル語は、SOV 言語です。

(32) Öčügedür Ulaγan　ene　nom-i qudaldun-ab-čai.
　　　昨日　　　ウラーン　この　本-を　買い-取っ-た.終止形
　　　'昨日ウラーンが、この本を買った。'

(33) [öčügedür Ulaγan　　qudaldun-abu-γsan]　　nom
　　　[昨日　　　ウラーン　買い-取っ-た.連体形]　本
　　　'昨日ウラーンが買った本'

(32) は、単文で、(33) は、関係節です。関係節内の動詞は、連体形に

134

なっています。もし、終止形にすると、文が、完全に非文になります。

(34) *[öčügedür Ulaγan　qudaldun-ab-čai]　　　nom
　　　[昨日　　　ウラーン　買い-取っ-た.連体形]　本
　　　'昨日ウラーンが買った本'

また、関係節内の主語は、「の」主語でもかまいません。

(35)　[öčügedür Ulaγan-u　　qudaldun-abu-ysan]　　nom
　　　[昨日　　　ウラーン-の　買い-取っ-た.連体形]　本
　　　'昨日ウラーンの買った本'

　続いて、ビジ語を見てみましょう。ビジ語は、チベット・ビルマ語派の言語で、中国の湖南省、湖北省、重慶市などで話されています。SOV 言語です。以下の例は、ゼステルパ氏からです。

(36)　Kyâśi-gos Vabar'iru　（ku-)fstout.
　　　チュシ-が　ヴァバリル　（3 人称直説法-）ほめた
　　　'チュシがヴァバリルをほめた。'

(37)　[Kyâśi　žû-fstout-ś]　　　　　　　mnó
　　　[チュシ　逆受動態-ほめた-連体形]　人
　　　'チュシがほめた人'

(36) は、単文で、(37) は、関係節です。(36) においては、特殊な要素 *ku* が動詞に付くことがありますが、なくてもかまいません。(37) においては、関係節内部の動詞に、あまり聞きなれない要素が付いています。逆受動態を示す要素と言います。さて、関係節内の動詞は、連体形になっています。

　次に、韓国語を見てみましょう。韓国では、韓国語、北朝鮮では、朝鮮語と呼ばれています。以下、総称として、韓国語と呼びます。韓国語は、

7章　連体形仲間　135

現時点では、現存する他の言語との系統関係が立証されていません。
SOV 言語です。以下の例は、Yong-Hun Jeon 氏と Jeong-Seok Kim 氏か
らです。

(38)　준상이　　　　유진을　　　칭찬했다.
　　　Junsang-i　　Yujin-ul　　chingchanha-ess-ta.
　　　チュンサン-が　ユジン-を　ほめ-た-断定
　　　'チュンサンがユジンをほめた。'

(39)　[준상이　　　　칭찬한]　　　　사람
　　　[Junsang-i　　chingchanha-n] salam
　　　[チュンサン-が　ほめ-た.連体形]　人
　　　'チュンサンがほめた人'

(38) は、単文で、(39) は、関係節です。関係節内の動詞は、連体形に
なっています。(39) は、最も自然な言い方ですが、(40) のように言うこ
ともできます。

(40)　[준상이　　　　칭찬했던]　　　　사람
　　　[Junsang-i　　chingchanha-ess-ten] salam
　　　[チュンサン-が　ほめ-た-断定.連体形]　人
　　　'チュンサンがほめた人'

(40) の関係節内部の述語要素は、(38) と連体形部分だけが異なっていま
す。

　次は、日本語古語です。

(41)　箱あり。　　　（終止形）
　　　'箱がある。'

（竹取物語）

136

(42) [世に ある] 物 （連体形）
'この世にある物'

（竹取物語）

(41) は、単文で、(42) は、関係節です。関係節内の動詞は、連体形になっています。

現代日本語は、どうでしょうか？

(43) ここに箱が ある。

(44) [ここに ある] 箱

後に詳しく見ますが、現代日本語では、終止形と連体形の区別がなくなってしまいました。ただし、かろうじて残っているものもあります。

(45) 海が静か だ。（終止形）

(46) 静か な 海 （連体形）

形容動詞（「な」形容詞）の場合だけ、「だ」と「な」という区別があります。

ここまで見てくると、地球上のかなりの言語に、終止形と連体形の区別があることがわかってきました。最後に、中国語を見ておきたいと思います。

(47) 张三 昨天 买 了 这本书。
Zhangsan zuotian maile zhebenshu
張三 昨日 買った この本
'張三が、昨日、この本を買った。'

(48) [张三　　昨天　　买] 　的　书
[Zhangsan zuotian mai]　　de zhebenshu
[張三　　昨日　　買った] の　本
'張三が、昨日、買った本'

(47) は、単文で、(48) は、関係節です。関係節内の動詞は、連体形になっているかどうかわかりません。漢字は、単文の場合とまったく同じなので。

　ところが、注意深い方は、あることに気付いてしまったかもしれません。そうです。(48) の関係節には、(47) に存在していた、過去を示す「了」が抜けています。もしそれを維持したら、実は、おかしな文になってしまうのです。

(49) *[张三　　昨天　　买 了] 的　书
[Zhangsan zuotian maile]　de zhebenshu
[張三　　昨日　　買った] の　本
'張三が、昨日、買った本'

この事実が、いったい何を意味しているかは、厳密にはわかりません。しかしながら、もし「买了」全体が、終止形であるとすると、これを関係節に入れたままでは、何らかの約束を破ってしまい、だからこそ、「了」をカットして、ひょっとすると、「連体形」のようなものとして、「买」だけを入れているのかもしれません。

　実際、このようなことは、韓国語の例においても微妙に見られます。

(38) 준상이　　　　유진을　　　칭찬했다.
Junsang-i　　Yujin-ul　　chingchanha-ess-ta.
チュンサン-が ユジン-を ほめ-た-断定
'チュンサンがユジンをほめた.'

138

(39)　[준상이　　　　칭찬한]　　　사람

　　　[Junsang-i　　chingchanha-n] salam

　　　[チュンサン-が　ほめ-た.連体形]　人

　　　'チュンサンがほめた人'

単文（38）では、過去を示す *ess* が明確に入っていますが、関係節（39）の内部の動詞には、*ess* に対応するものがなく、ただ、断定の *ta* に対応する連体形 *n* があるだけです。この韓国語と中国語の関係節内部の性質の平行性は、ひょっとすると、現代中国語においても、連体形が存在することを示唆しているのかもしれません。

　ここまで、スワヒリ語やインド・ヨーロッパ語の一部は、明示的な終止形と連体形の区別がないが、アジアのインド・ヨーロッパ語の一部とその他の多くの言語に、終止形と連体形の区別が明確にあることがわかってきました。

　さて、次は、古語から現代日本語にかけて、日本語においては、この区別が表面上消えて来たという事実に目を向けてみたいと思います。大野晋氏他、多くの言語学者が、次のことが起きたと述べています。例えば、大野（1993, p. 344）では、おおよそ、次のことが述べられています。

(50)　室町時代（おおよそ、1336 年-1573 年）に、連体形と終止形の区別があいまいになり、二つの活用形はある期間並行して存在していたが、最終的に、終止形は消え、連体形が生き残った。

このことは、実は、百人一首の中でも、はっきりと見て取れます。これを見るために、まず、百人一首内の終止形を持つ例と連体形を持つ例を見てみましょう。わかりやすく提示するために、終止形を含む例と連体形を含む例に分け、さらに、終止形を含む例は、埋め込み文に現れるものと、それ以外に分けます。一つの歌の中に、終止形も連体形も持つ例があるため、以下では、総数が、100 を超え、合計、117 になっています。また、

7章　連体形仲間　139

述語を動詞と助動詞だけに限定しています。さらに、どちらの活用か明確
でない述語は、除外しています。

(51)　終止形を含む例（埋め込み文以外）30 例

2. 春過ぎて 夏来にけ ⬚らし⬚ 白妙の 衣干すてふ 天の香具山　　　（持統天皇）

8. 我がいほは 都のたつみ しかぞすむ 世をうぢ山と 人はいふ ⬚なり⬚

（喜撰法師）

9. 花の色は 移りに ⬚けり⬚ な いたづらに 我が身世に ⬚ふる⬚ ながめせしまに

（小野小町）

12. 天つ風 雲のかよひぢ 吹きとぢよ をとめの姿 しばしとどめむ（僧正遍昭）

16. たち別れ いなばの山の 峰に生ふる まつとし聞かば いま帰りこ ⬚む⬚

（中納言行平）

22. 吹くからに 秋の草木の しをるれば むべ山風を あらしといふ ⬚らむ⬚

（文屋康秀）

29. 心あてに 折らばや折ら ⬚む⬚ 初霜の おきまどはせる 白菊の花（凡河内躬恒）

32. 山川に 風のかけたる しがらみは 流れもあへぬ もみぢなりけり

（春道列樹）

35. 人はいさ 心も知ら ⬚ず⬚ ふるさとは 花ぞ昔の 香ににほひ ⬚ける⬚　（紀貫之）

36. 夏の夜は まだ宵ながら 明けぬるを 雲のいづこに 月宿る ⬚らむ⬚

（清原深養父）

40. しのぶれど 色に出でに ⬚けり⬚ 我が恋は 物や思ふと 人のとふまで（平兼盛）

41. 恋すてふ 我が名はまだき 立ちに ⬚けり⬚ 人知れ ⬚ず⬚ こそ 思ひそめしか

（壬生忠見）

43. あひ見ての 後の心に くらぶれば 昔は物を 思はざり ⬚けり⬚（権中納言敦忠）

44. 逢ふことの たえてしなくは なかなかに 人をも身をも 恨みざら ⬚まし⬚

（中納言朝忠）

45. あはれとも ⬚いふ⬚ べき人は 思ほえで 身のいたづらに なり ⬚ぬ⬚ べきかな

（謙徳公）

47. 八重葎 しげれる宿の さびしきに 人こそ見えね 秋は来に ⬚けり⬚（恵慶法師）

51. かくとだに えやはいぶきの さしも草 さしもしら｜じ｜な もゆる思ひを

(藤原実方朝臣)

60. 大江山 いく野の道の 遠ければ まだふみも見｜ず｜ 天の橋立 (小式部内侍)

62. 夜をこめて 鳥の空音は はかるとも よに逢坂の 関はゆるさ｜じ｜ (清少納言)

69. あらし吹く 三室の山の もみぢ葉は 龍田の川の 錦なり｜けり｜ (能因法師)

73. 高砂の 尾上の桜 咲きに｜けり｜ 外山の霞 立た｜ず｜もあらなむ

(前中納言匡房)

75. 契りおきし させもが露を 命にて あはれ今年の 秋もいぬ｜めり｜ (藤原基俊)

80. 長からむ 心も知ら｜ず｜ 黒髪の みだれて今朝は 物をこそ思へ

(待賢門院堀河)

82. 思ひわび さても命は あるものを 憂きにたへぬは 涙なり｜けり｜ (道因法師)

85. 夜もすがら 物思ふころは 明けやらで 閨のひまさへ つれなかり｜けり｜

(俊恵法師)

88. 難波江の 蘆のかりねの ひとよゆゑ みをつくしてや 恋ひ｜わたる｜べき

(皇嘉門院別当)

90. 見せばやな 雄島の海人の 袖だにも 濡れにぞ濡れし 色は変はら｜ず｜

(殷富門院大輔)

94. み吉野の 山の秋風 小夜ふけて ふるさと寒く 衣うつ｜なり｜　(参議雅経)

96. 花さそふ あらしの庭の 雪ならで ふりゆくものは 我が身なり｜けり｜

(入道前太政大臣)

100. ももしきや 古き軒端の しのぶにも なほあまりある 昔なり｜けり｜ (順徳院)

(52)　終止形を含む例（埋め込み文）9例

11. わたの原 八十島かけて 漕ぎ出で｜ぬ｜と 人には告げよ 海人の釣舟 (参議篁)

17. ちはやぶる 神代も聞かず 龍田川 からくれなゐに 水｜くくる｜とは

(在原業平朝臣)

20. わびぬれば 今はた同じ 難波なる 身をつくしても 逢は｜む｜とぞ思ふ

(元良親王)

21. 今来｜む｜と いひしばかりに 長月の 有明の月を 待ち出でつるかな

(素性法師)

7章　連体形仲間　141

27. みかの原 わきて流るる いづみ川 いつみ[き]とてか 恋しかるらむ

(中納言兼輔)

28. 山里は 冬ぞさびしさ まさりける 人目も草も かれ[ぬ]と思へば

(源宗于朝臣)

62. 夜をこめて 鳥の空音は [はかる]とも よに逢坂の 関はゆるさじ (清少納言)

63. 今はただ 思ひ絶えな[む]とばかりを 人づてならで 言ふよしもがな

(左京大夫道雅)

77. 瀬をはやみ 岩にせかるる 滝川の われても末に 逢は[む]とぞ思ふ(崇徳院)

(53)　連体形を持つ例　78

3. あしびきの 山鳥の尾の しだり尾の ながながし夜を ひとりかも寝[む]

(柿本人麻呂)

5. 奥山に 紅葉踏み分け [鳴く]鹿の 声[聞く]ときぞ 秋はかなしき (猿丸大夫)

6. かささぎの 渡せ[る]橋に [置く]霜の 白きを見れば 夜ぞふけに[ける]

(中納言家持)

7. 天の原 ふりさけ見れば 春日[なる]三笠の山に 出で[し]月かも (安倍仲麿)

8. 我がいほは 都のたつみ しかぞ[すむ]世をうぢ山と 人はいふなり

(喜撰法師)

9. 花の色は 移りにけりな いたづらに 我が身世に[ふる]ながめせしまに

(小野小町)

10. これやこの [行く]も[帰る]も 別れては [知る]も知ら[ぬ]も 逢坂の関 (蝉丸)

13. 筑波嶺の 峰より落つ[る]みなの川 恋ぞつもりて 淵となり[ぬる] (陽成院)

15. 君がため 春の野に出でて 若菜[つむ]我が衣手に 雪はふりつつ(光孝天皇)

16. たち別れ いなばの山の 峰に生ふ[る]まつとし聞かば いま帰りこむ

(中納言行平)

18. 住の江の 岸に[よる]波 [よる]さへや 夢の通ひ路 人目よく[らむ]

(藤原敏行朝臣)

20. わびぬれば 今はた同じ 難波[なる]身をつくしても 逢はむとぞ[思ふ]

(元良親王)

21. 今来むと いひしばかりに 長月の 有明の月を 待ちいで 「つる」 かな

（素性法師）

25. なにしおはば 逢坂山の さねかづら 人に知られで 「くる」 よしもがな

（三条右大臣）

27. みかの原 わきて 「流るる」 いづみ川 いつみきとてか 恋しかる 「らむ」

（中納言兼輔）

29. 心あてに 折らばや折らむ 初霜の おきまどはせ 「る」 白菊の花 （凡河内躬恒）

28. 山里は 冬ぞさびしさ まさり 「ける」 人目も草も かれぬと思へば

（源宗于朝臣）

30. 有明の つれなく見え 「し」 別れより あかつきばかり 憂きものはなし

（壬生忠岑）

31. 朝ぼらけ 有明の月と 「見る」 までに 吉野の里に 降れ 「る」 白雪 （坂上是則）

32. 山川に 風のかけ 「たる」 しがらみは 流れもあへぬ もみぢなりけり

（春道列樹）

33. ひさかたの 光のどけき 春の日に しづ心なく 花の散る 「らむ」 （紀友則）

34. 誰をかも 「知る」 人にせむ 高砂の 松も昔の 友ならなくに （藤原興風）

35. 人はいさ 心も知らず ふるさとは 花ぞ昔の 香ににほひ 「ける」 （紀貫之）

36. 夏の夜は まだ宵ながら 明け 「ぬる」 を 雲のいづこに 月宿るらむ

（清原深養父）

37. 白露に 風の吹きしく 秋の野は つらぬきとめ 「ぬ」 玉ぞ散り 「ける」 （文屋朝康）

38. 忘ら 「るる」 身をば思はず ちかひてし 人の命の 惜しくも 「ある」 かな （右近）

40. しのぶれど 色に出でにけり 我が恋は 物や 「思ふ」 と 人の 「とふ」 まで

（平兼盛）

44. 「逢ふ」 ことの たえてしなくは なかなかに 人をも身をも 恨みざらまし

（中納言朝忠）

45. あはれとも いふ 「べき」 人は 思ほえで 身のいたづらに なりぬ 「べき」 か
な

（謙徳公）

46. 由良のとを 「渡る」 舟人 梶を絶え 行方も知ら 「ぬ」 恋の道かな （曾禰好忠）

47. 八重葎 しげれ 「る」 宿の さびしきに 人こそ見えね 秋は来にけり （恵慶法師）

48. 風をいたみ 岩 「うつ」 波の おのれのみ 砕けて物を 「思ふ」 ころかな （源重之）

7章　連体形仲間　143

49. みかきもり 衛士の たく 火の 夜はもえ 昼は消えつつ 物をこそ思へ

（大中臣能宣）

50. 君がため 惜しからざり し 命さへ 長くもがなと 思ひ ける かな

（藤原義孝）

51. かくとだに えやはいぶきの さしも草 さしもしらじな もゆる 思ひを

（藤原実方朝臣）

52. 明けぬれば 暮るる ものとは 知りながら なほ恨めしき 朝ぼらけかな

（藤原道信朝臣）

53. 嘆きつつ ひとり ぬる 夜の 明くるまは いかに久しき ものとかは しる

（右大将道綱母）

56. あらざら む この世のほかの 思ひ出に 今ひとたびの あふ こともがな

（和泉式部）

57. めぐり逢ひて 見 し やそれとも わか ぬ 間に 雲隠れにし 夜半の月かな

（紫式部）

58. 有馬山 猪名の笹原 風吹けば いでそよ人を 忘れやは する （大弐三位）

59. やすらはで 寝な まし ものを 小夜ふけて かたぶく までの 月を見 し か
な

（赤染衛門）

61. いにしへの 奈良の都の 八重桜 けふ九重に にほひ ぬる かな（伊勢大輔）

63. 今はただ 思ひ絶えなむ とばかりを 人づてならで 言ふ よしもがな

（左京大夫道雅）

64. 朝ぼらけ 宇治の川霧 絶えだえに あらはれ わたる 瀬々の網代木

（権中納言定頼）

65. うらみわび 干さ ぬ 袖だに ある ものを 恋に朽ちな む 名こそ惜しけれ

（相模）

66. もろともに あはれと思へ 山桜 花よりほかに 知る 人もなし

（前大僧正行尊）

67. 春の夜の 夢ばかり なる 手枕に かひなく立た む 名こそ惜しけれ

（周防内侍）

68. 心にも あらで憂き世に ながらへば 恋しかる べき 夜半の月かな （三条院）

69. あらし 吹く 三室の山の もみぢ葉は 龍田の川の 錦なりけり （能因法師）

71. 夕されば 門田の稲葉 おとづれて 蘆のまろ屋に 秋風ぞ 吹く （大納言経信）

72. 音に 聞く 高師の浜の あだ波は かけじや袖の 濡れもこそすれ

（祐子内親王家紀伊）

74. 憂かり ける 人を初瀬の 山おろしよ はげしかれとは 祈ら ぬ ものを

（源俊頼朝臣）

75. 契りおき し させもが露を 命にて あはれ今年の 秋もいぬめり （藤原基俊）

76. わたの原 漕ぎ出でて見れば 久方の 雲居に まがふ 沖つ白波

（法性寺入道前関白太政大臣）

77. 瀬をはやみ 岩にせか るる 滝川の われても末に 逢はむとぞ 思ふ （崇徳院）

78. 淡路島 かよふ 千鳥の 鳴く 声に 幾夜寝覚め ぬ 須磨の関守 （源兼昌）

79. 秋風に たなびく 雲の 絶え間より もれ 出づる 月の 影のさやけさ

（左京大夫顕輔）

80. 長から む 心も知らず 黒髪の みだれて今朝は 物をこそ思へ

（待賢門院堀河）

81. ほととぎす 鳴き つる 方を ながむれば ただ有明の 月ぞ残れ る

（後徳大寺左大臣）

82. 思ひわび さても命は ある ものを 憂きにたへ ぬ は 涙なりけり

（道因法師）

83. 世の中よ 道こそなけれ 思ひ 入る 山の奥にも 鹿ぞ鳴く なる

（皇太后宮大夫俊成）

84. ながらへば またこのごろや しのばれ む 憂しと見 し 世ぞ 今は恋しき

（藤原清輔朝臣）

85. 夜もすがら 物 思ふ ころは 明けやらで 閨のひまさへ つれなかりけり

（俊恵法師）

86. 嘆けとて 月やは物を 思は する かこち顔 なる 我が涙かな （西行法師）

87. 村雨の 露もまだひ ぬ 真木の葉に 霧立ち のぼる 秋の夕暮 （寂蓮法師）

88. 難波江の 蘆のかりねの ひとよゆゑ みをつくしてや 恋ひわたる べき

（皇嘉門院別当）

89. 玉のをよ たえなばたえね ながらへば 忍ぶる ことの 弱りもぞ する

（式子内親王）

7章　連体形仲間　145

90. 見せばやな 雄島の海人の 袖だにも 濡れにぞ濡れ し 色は変はらず

（殷富門院大輔）

91. きりぎりす 鳴くや霜夜の さむしろに 衣かたしき ひとりかも寝 む

（後京極摂政前太政大臣）

92. 我が袖は 潮干に見え ぬ 沖の石の 人こそ知らね 乾く 間もなし

（二条院讃岐）

93. 世の中は 常にもがもな 渚 漕ぐ 海人の小舟の 綱手かなしも（鎌倉右大臣）

95. おほけなく 憂き世の民に おほふ かな 我が 立つ 杣に 墨染の袖

（前大僧正慈円）

96. 花 さそふ あらしの庭の 雪ならで ふり ゆく ものは 我が身なりけり

（入道前太政大臣）

97. 来 ぬ 人を まつほの浦の 夕なぎに 焼くや藻塩の 身もこがれつつ

（権中納言定家）

98. 風 そよぐ ならの小川の 夕暮は みそぎぞ夏の しるしなり ける

（従二位家隆）

99. 人もをし 人もうらめし あぢきなく 世を 思ふ ゆゑに 物 思ふ 身は

（後鳥羽院）

100. ももしきや 古き軒端の しのぶにも なほあまり ある 昔なりけり（順徳院）

　さて、上で、灰色になっている要素は、いったい何でしょうか？ そうです。終止形と連体形が同形のものです。同形となっているものの例と、同形になっていないものの例の割合は、こんな具合です。

(54)　終止形・連体形が同形の例の数とその割合

	総数	終止形・連体形が同形の例の数	終止形・連体形が同形の例の数の割合
終止形を含む例（埋め込み文以外）	30	9	30%
終止形を含む例（埋め込み文）	9	6	67%
連体形を含む例	78	46	59%
総合	117	61	**52%**

このことからも明らかなように、終止形、あるいは、連体形を含む例を持つ歌の中で、終止形と連体形が同形である例は、ほぼ5割です。そうであれば、ある段階で、終止形と連体形を混同し、間違えているうちに、どちらか一つに定着してしまうというのも納得できます。そして、これが、室町時代（おおよそ、1336年-1573年）に起きたというわけです。

　そして、大野（1993）他が正しければ、終止形が連体形に同化していったようです。具体的には、動詞「あり」や助動詞「けり」の終止形「あり」や「けり」が、その連体形の「ある」や「ける」と同形になっていったということです。

　ここで注意深い読者は、こんな疑問を持つかもしれません。

(50)　室町時代（おおよそ、1336年-1573年）に、連体形と終止形の区別があいまいになり、二つの活用形はある期間並行して存在していたが、最終的に、終止形は消え、連体形が生き残った。

の中で、「終止形は消え」とありますが、本当に「消えた」のか、音声だけが連体形に同化し、実際には、現代日本語においては、抽象的な意味で、同じ音を持つ「終止形」と「連体形」が存在しているのかと。

　もちろん、1章で見たように、現代日本語の動詞の活用は、終止形と連

体形を区別しています。

(55) 動詞の活用（現代日本語）
    a. 走　ら　ない　　未然形
    b. 走　り　ます　　連用形
    c. 走　る　　　　　終止形
    d. 走　る　時　　　連体形
    e. 走　れ　ば　　　仮定形
    f. 走　れ　　　　　命令形

(55) においては、「走る」は、終止形と連体形が同形です。さて、「終止形」と「連体形」は、音は同じであるが、その機能も同じなんでしょうか？

　これに対する可能な解答は、他の言語を見ることで得られるかもしれません。トルコ語やモンゴル語の例を見てみましょうか。まずは、トルコ語。

(30)　Biz　　yemeğ-i　　pişir-di-k.
　　　私たち　食べ物-を　料理し-た-1 人称複数
　　　'私たちが、食べ物を料理した。'

(31)　[Biz-im　　pişir-diğ-imiz]　　　　　　　yemek
　　　[私たち-の　料理し-た.連体形-1 人称複数] 食べ物
　　　'私たちが料理した食べ物'

トルコ語では、単文の述語は、終止形ですが、関係節内部の述語は、連体形です。そして、この言語では、関係節内部の主語は、絶対に「の」主語でなければなりません。「の」主語と「連体形」にちょっとした関係がありそうです。

　では、モンゴル語は？

(32) Öčügedür Ulaɣan   ene   nom-i qudaldun-ab-čai.
　　昨日　　　　ウラーン　この　本-を　買い-取っ-た.終止形
　　'昨日ウラーンが、この本を買った。'

(33) [öčügedür Ulaɣan   qudaldun-abu-ɣsan]   nom
　　[昨日　　　ウラーン　買い-取っ-た.連体形]　本
　　'昨日ウラーンが買った本'

(35) [öčügedür Ulaɣan-u   qudaldun-abu-ɣsan]   nom
　　[昨日　　　ウラーン-の　買い-取っ-た.連体形]　本
　　'昨日ウラーンの買った本'

モンゴル語では、単文の述語は、終止形ですが、関係節内部の述語は、連体形です。そして、この言語では、関係節内部の主語は、「が」主語（実際には、モンゴル語では、「が」を示す助詞はありませんが、わかりやすさのためにそう呼んでおきます。）でも、「の」主語でも、かまいません。ただし、事実としては、「の」主語は、述語が「連体形」の場合にしか現れません。

　まとめると、トルコ語においても、モンゴル語においても、ともに、「の」主語があれば、その述語は、終止形ではなく、かならず、「連体形」です。

　では、現代日本語は？

(56) あの公園には、池が ある 。

(57) [池が ある] 公園

(58) [池の ある] 公園

(56) は、単文で、動詞「ある」は、(55) の活用表によれば、終止形です。(57) と (58) では、動詞「ある」は、関係節の中に入っています。(55)

の活用表によれば、連体形です。さて、(58) が示すように、現代日本語においても、「の」主語が、関係節において、可能です。この状況は、トルコ語やモンゴル語とかなり似ています。となると、現代日本語において、終止形と連体形は、同形となっていますが、実際には、関係節内部の述語に関する状況は、トルコ語とモンゴル語から得られた「「の」主語があれば、その述語は、連体形である」という状況に合致しています。

　本書では、トルコ語・モンゴル語と現代日本語の平行性から、いったん、現代日本語の述語も、形態上は、同形であるが、機能上は、異なっているとしておきます。この仮説が正しいかどうかは、今後も調査が必要です。

　まとめます。まず、日本語古語以外にも、連体形が決定的役割を果たしているような言語がかなりあることを見ました。具体的には、シンハラ語、タミル語、ウルドゥ語、ベンガル語、トルコ語、モンゴル語、ビジ語、韓国語。見方によっては、中国語も。続いて、古語から現代日本語にかけて、日本語においは、終止形と連体形の区別が表面上消えて来たという事実を、百人一首の例から見ました。かなりの歌において、使われている述語の終止形と連体形が同形だったのです。そして、現代日本語には、終止形と連体形の形態的違いはなくなったものの、「の」主語の観点から、機能上の違いは、ありそうでした。

8章 まとめ：百人一首で学べること

言いたいこと： **一致がいっぱい**

　本書では、まず、1章で、**文の種類、述語の活用、助詞、そして、読みの規則**をおさらいしました。これで、もう、百人一首を正確に理解する土台ができたことになります。

　そして、2章以降で、こんなことを学ぶことができました。簡潔にまとめていきますね。2章では、古語の助詞「を」の使い方が、現代日本語とは異なり、理由を表す付け足し文の主語になっていることを見ました。

(1)　[瀬を はや み] 岩にせかるる 滝川の われても末に 逢はむとぞ思ふ（崇徳院）
　　　'川の浅瀬の流れが早いので、岩にせき止められた急流が二つに分かれるが、それが最後には一つになるように、あの人とはいつか一緒になろうと思う。'

そして、これと同じことが、現代モンゴル語にも見られます。どうも、**日本語とモンゴル語が親戚**のように見えますね。

　3章では、「**私とあなた**」と「**それ以外**」という具合に、人称によって、所有を示す助詞が、「が」と「の」でしっかり区別されることを見ました。**人称による「一致」現象**です。「私とあなた」なら、「**が**」、「**それ以外**」なら、「**の**」です。

150

8章　まとめ：百人一首で学べること　151

(2)　我がいほは　都のたつみ　しかぞすむ　世をうぢ山と　人はいふなり

（喜撰法師）

‘私の仮の住まいは都の巽の方角（東南）にあり、その「巽」という名の通り、静かに暮らしている。ところが、人は、ここを宇治山（憂い山）と言うらしい。私が、世を憂い、避けて住む山だと。’

(3)　君がため　春の野に出でて　若菜つむ　我が衣手に　雪はふりつつ

（光孝天皇）

‘あなたのために春の野に出て若菜を摘んでいたら、私の着物の袖に雪が降りかかっている。’

(4)　忘らるる　身をば思はず　ちかひてし　人の命の　惜しくもあるかな

（右近）

‘あなたに忘れられる私のことは何とも思わない。しかし、神に誓ったあなたの命が、失われるのではいかと、惜しく思われてならない。’

まるで、英語における 3 人称の S があるかのような状況です。

　4 章では、この「一致」現象は、所有表現にとどまらず、**文の主語**にも現れるということを見ました。

(5)　おほけなく　憂き世の民に　おほふかな　我が立つ杣に　墨染の袖

（前大僧正慈円）

‘身のほど知らずであるが、被いかけよう、つらそうにしている世の中の人々の上に、私が立っている比叡山に、僧侶がまとう墨染めの袖を。’

(6)　君がかく　取りそめければ　山川の　浅茅そ沖の　上に見えける

‘あなたがこのように（空に住む魚を）取り始めたので、山や川

にある草が海の上に見えるようになった.'

(うつほ物語・国譲 中)

(7) 有明 [の] つれなく見えし 別れより あかつきばかり 憂きものはな
し 　　　　　　　　　　　　　　　　　　　　　　　(壬生忠岑)
'月が空に残っているうちに夜明けになったあの空が無情に見え
た別れ以来、夜明けほどつらいものはない.'

再度、**人称**による**「一致」**現象です。「私とあなた」なら、「**が**」、「それ以
外」なら、「**の**」です。

さらに、これとは別の「一致」現象も見ました。それは、**活用による
「一致」**です。人称にかかわらず、述語が終止形なら、裸主語、終止形以
外なら、裸主語ではないということです。以下、3人称の主語に限定して
おさらいをします。(8)では、述語は、終止形で終わっています。そして、
主語は、裸です。「が」も「の」も付いていません。

(8) [高砂の 尾上の [桜] 咲きに [けり]] 外山の霞 立たずもあらなむ

(権中納言匡房)
'高砂にある山に桜が咲いた。手前の山の霞よ、どうか立たない
でいてくれ.'

(9)においては、述語は、連体形で終わっています。そして、主語には、
「の」が付いています。

(9) 山川に 風 [の] かけ [たる] しがらみは 流れもあへぬ もみぢなりけ
り 　　　　　　　　　　　　　　　　　　　　　　　(春道列樹)
'山を流れる川に、風がかけ渡した柵があった。よく見れば、そ
れは、流れきれずにいる紅葉だった.'

(10)においては、述語は、已然形で終わっています。そして、主語には、
「の」が付いています。

8章 まとめ：百人一首で学べること 153

(10) 吹くからに 秋の草木[の] [しをるれば] むべ山風を あらしといふ
　　　らむ
　　　　　　　　　　　　　　　　　　　　　　　　　（文屋康秀）

このことから、主語の形態（主語が裸か、「が」が付いているか、「の」が
付いているか）によって、古語において、**人称による「一致」**と活用によ
る**「一致」**があったことが明確にわかります。

　5章では、**係り結び**現象を見ました。強調や疑問を表す文において、係
助詞「ぞ・なむ・や・か・こそ」が、主語、目的語（文）、付け足し語
（文）、動詞の一部にかかわらず、付くことができ、その係助詞の種類に
よって、述語が特定の活用形になります。つまり、これも、**「一致」**現象
なのです。**係り結びによる「一致」**と呼んでおきましょう。(11) では、

(11) かささぎの 渡せる橋に 置く霜の 白きを見れば [夜[ぞ]ふけにけ
　　　る]
　　　　　　　　　　　　　　　　　　　　　　　　　（中納言家持）
　　　'かささぎが渡したという橋の上に霜が降りている。その霜の白
　　　いのを見ると、すっかり夜も更けたなと思う。'

主語「夜」に係助詞「ぞ」が付き、文末の述語が、終止形「けり」ではな
く、連体形「ける」で終わっています。

　また、人称が求める一致と、係り結びが求める一致では、係り結びが求
める一致の方が、優勢であることも見ました。

(12) かげ見れば波の底なるひさかたの空漕ぎわたる [われ[ぞ] [わびし
　　　き]]
　　　'月の影を見ると、波の底に空が広がっているようだ。その上を
　　　船を漕いで渡る自分は、なんともわびしいものだ。'

　　　　　　　　　　　　　　　　　　　　　　　　　（土佐日記）

(12) では、[　]内の主語は、1人称の「われ」で、述語は、形容詞「わび
し」の連体形「わびしき」です。係助詞「ぞ」があるので、述語は、連体

形で問題ありません。ところが、1人称主語「われ」は、「わが」ではなく、裸主語ですから、述語は、終止形であるはずです。この一見したところの矛盾の背後には、以下のことが起きているように見えます。もともと、主語は、裸主語で、「われ」でした。そのままであるなら、述語は、終止形の「わびし」であったはずです。ところが、その「われ」の外側に、「ぞ」を付けたのです。となると、主語の裸性が、「ぞ」によって目隠しされ、もはや、裸主語ではなくなってしまったのです。裸主語が、述語に求めてくる「終止形性」は、ここで、途絶えてしまうのです。すると、この時点で、主語は、「ぞ」が付いたものですから、「ぞ」が求める要求、つまり、述語は連体形であれ、という要求だけが残るのです。したがって、述語が、「わびし」ではなく、「わびしき」となるということです。となると、裸主語が求める一致と、係り結びが求める一致では、係り結びが求める一致の方が、優勢になっているというわけです。

　さらに、係り結びは、**強調構文**で、係助詞が付いた要素が、**文頭に移動**する傾向があることも見ました。(13)においては、係助詞がないので、係り結びは起きていません。また、「…と」は、動詞「申す」のすぐ左側にいます。

(13)　比叡のわたりに、『もの忘れせさせたまへ』と｜申しつる｜ほどになむ

　　　　'比叡山で、『この恋を忘れさせて下さい』と申した時に'

　　　　　　　　　　　　　　　　　　　　　（うつほ物語・藤原の君）

では、「…と」に係助詞「ぞ」が付いたら、

(14)　「知らず。｜参らせよと｜ぞ、｜人の｜｜申しつる｜」と申す。

　　　　'「知らない。来させよと、人が申した」と申す。'

　　　　　　　　　　　　　　　　　　　　　（うつほ物語・国譲 上）

主語の「人の」を飛び越えて、左側に来ています。つまり、まるで、英語

の強調構文のように、主語を超えて、左方向に移動しているのです。

(15)　It is [this bat]₁ that Shohei used t₁.

さらには、この係り結び現象が、日本語古語に特有のものではなく、ドラヴィダ語系の**タミル語**やインド・ヨーロッパ語系の**シンハラ語**にも存在していることも見ました。

6章では、係助詞「か」を含む**疑問文の係り結び**を詳しく見ました。「か」の性質は、**寂しがり屋**で**奔放**でした。

(16)　「か」の性質

　　a.　寂しがり屋（一定距離確保癖）：
　　　　連体形と同じ文中に現れ、一番よく見える位置にいる。

　　b.　奔放（移動癖）：
　　　　疑問語をケアする。ただし、ちょっと離れてしまうこともある。

(16a, b) が何を意味しているか、次の二つの例を見て考えてみましょう。

(17)　いつ　か　まゐる
　　　‘いつ惨状するのか’

（枕草子・78段）

(18)　みかの原 わきて流るる 泉川 いつ みきとて か 恋しかる らむ

（中納言兼輔）

　　　‘みかの原から湧き出て流れる泉川。その「いつみ」ではないが、その人を「いつ見た」と言って、恋しく思ってしまうのだろうか。’

(17) では、疑問語「いつ」と係助詞「か」は、隣り合っています。「か」

と述語連体形の「まゐる」が、同じ文内にいます。ところが、(18) においては、(19) で示されるように、係助詞「か」が、「て」で終わる付け足し文 […] の一番外側に付いています。

(19)　[いつ みきとて] か 恋しかる らむ

「いつ」と「か」が、相当離れています。しかし、実は、「か」は、述語の連体形「らむ」と同じ文内にいます。(17) も (18) も、ともに、(16a) の性質を示しています。「か」と連体形は、同じ文内にいる。そして、(17) も (18) も、(16b) の性質を示しています。「か」は、存在することで、疑問語の「いつ」を見守っています。ただし、連体形が恋しすぎて、どうしても、連体形と同じ文内にいるように、もともといた「いつ」の隣の場所から、右方向に移動してしまっているのです。

(20)　[いつ [ ] みきとて] か 恋しかる らむ

奔放です。係助詞「か」は、連体形と**係り結びによる「一致」**がしたい一心で、右方向に移動しているのです。

　さらに、この奔放さは、まるで、英語の疑問文とそっくりです。

(21)　　　　　　　Shohei bought something.

(22)　I know what₁ Shohei bought t₁.

日本語の疑問文では、「か」が文の右端に移動するのに対し、英語の疑問文では、*what* が文の左端に移動しています。つまり、日本語でも英語でも、平叙文では何も起きないのに、疑問文になると、途端に、何か胸騒ぎがして、その場にいられなくなるようです。どいつもこいつも、奔放だな。

8章　まとめ：百人一首で学べること　157

　さらに、疑問文の係り結び現象に関して、シンハラ語が、似すぎている
ほど、日本語古語に似ていることも見ました。ただし、日本語古語におけ
る傾向とは異なり、シンハラ語においては、係助詞が付いた要素が、文の
先頭に移動することはないようですが。

　最後に、7章では、日本語古語以外にも、**連体形**が決定的役割を果たし
ているような言語がかなりあることを見ました。具体的には、シンハラ
語、タミル語、ウルドゥ語、ベンガル語、トルコ語、モンゴル語、ビジ
語、韓国語。見方によっては、中国語も。そして、古語から現代日本語に
かけて、日本語においは、終止形と連体形の区別が表面上消えて来たとい
う事実を、百人一首の例から見ました。ただし、現代日本語には、終止形
と連体形の形態的違いはなくなったものの、「の」主語の観点から、機能
上の違いは、ありそうでした。

　では、百人一首に見られる特徴を表にしてみましょう。

(23)　百人一首に見られる特徴

	種類	特徴 1	特徴 2
a.	人称による「一致」	1・2 人称 vs. それ以外	「が」vs.「の」
b.	活用による「一致」	終止形 vs. それ以外	裸主語 vs. それ以外
c.	係り結びによる「一致」	係助詞 - 活用形	連体形・已然形
d.	左方向**移動**	係り結び	強調構文（英語と酷似）
e.	右方向**移動**	「か」係り結び	疑問文（英語と酷似）

このように、古語は、「一致」と「移動」にまみれています。英語も、3 人
称の S などの一致や、疑問文などの移動がありますが、それにまったく
見劣りしていません。こうなると、なんだか、「一致」と「移動」が、人間
言語の、さらには、人間の特質であるかのように見えてきます。

ここまでやってきました。最後に、残された問題を 3 つ指摘しておきたいと思います。現時点では、解決できなさそうであるので、今後の調査に委ねたいと思います。3 つの問題は、すべて、(23a) に関連しています。

では、一つ目の問題から。(23a) によれば、名詞が 3 人称なら、それに付く所有を示す助詞は、「の」であるはずです。ところが、万葉集に、すでにこういう例があるのです。

(24)　仏造る 真朱足らずは 水たまる [池田の朝臣]が 鼻の上を掘れ
　　　‘仏像を作るのに赤い土が足りないなら、水がたまる池の、その**池**ではないが、**池田**の朝臣の鼻の上を掘ればいい。だって、朝臣の鼻は、いつも真っ赤なのだから。’

（万葉集（16 巻）3841）

大神朝臣奥守（おほみわのあそみおきもり）（奈良時代）

その直後の歌。

(25)　童 ども 草はな刈りそ 八穂蓼を [穂積の朝臣] が 腋草を刈れ
　　　‘子供たち、草は刈るんじゃないよ。そうじゃなくって、穂が多い蓼の、その**穂**ではないが、**穂積**の朝臣の腋に生えている草、まあ、わき毛ってことだが、それを刈るんだよ。’

（万葉集（16 巻）3842）

平群朝臣（へぐりのあそみ）（奈良時代）

まあ口が悪い。だじゃれと茶化しの連発で、万葉人は、大丈夫なのかなと不安になってきますが、まあ、人のことは言えるか。それはともかく、3 人称の「池田の朝臣」と「穂積の朝臣」に「の」ではなくて、「が」が付いています。困りました。規則に合いません。「廊下を走っている」状態です。

一般には、このような「が」は、人名や人称代名詞などに付いて、親愛さや軽侮を表すと言われています。ここでは、私流に、「心の動き」としておきたいと思います。相手を茶化したいという欲（心の動き）があれば、

「が」を使う。となれば、そういう心の動きがなければ、「の」を使う。そのように予測されます。本当にそうかどうか。そうでした。

(26) 仲忠の朝臣 が 琴
　　'仲忠の朝臣の琴'

（うつほ物語・吹上 下）

(27) 俊蔭の朝臣 の 琴
　　'俊蔭の朝臣の琴'

（うつほ物語・内侍のかみ）

(26) では、「が」が、(27) では、「の」が、人名に付き、同じ名詞「琴」を修飾しています。実際には、(26) において、「心の動き」があったかどうかわかりません。が、事実としては、3 人称の名詞に対して、「が」と「の」は、どちらかを選ぶという状況になっていたようです。

　同じことが、人数を示す名詞にも当てはまります。以下では、助詞が、関係節の主語に付いています。

(28) [この 四人 が 願ひ申さむ] 官
　　'この 4 人が願い出る官職'

（うつほ物語・嵯峨の院）

(29) [二人 の 乗りたる] 馬
　　'二人が乗った馬'

（うつほ物語・俊蔭）

(28) では、「が」が、(29) では、「の」が、人数を示す名詞に付き、名詞「○人」が、関係節内部の主語になっています。実際には、(28) において、「心の動き」があったかどうかわかりません。が、事実としては、人数を示す名詞（結果的には、3 人称の名詞）に対して、「が」と「の」は、どちらかを選ぶという状況になっていたようです。

一方、1人称と2人称の代名詞は、終止形で終わる文の主語の場合は、裸で現れますが、それ以外の環境では、必ず「が」が付き、「の」が付く例は、一例もありません。少なくとも、『うつほ物語』においては。

(30)　わ|が|身
　　　　'私の身'
　　　　　　　　　　　　　　　　　　　　　　　　（うつほ物語・俊蔭）

(31)　いなづまの 影をもよそに 見るものを 何にたとへむ [わ|が|思ふ] 人
　　　'稲妻の光でさえ、離れた所から見ることができるのに、何に例えればいいのでしょう、私が思っている人のことは。
　　　　　　　　　　　　　　　　　　　　　　　　（うつほ物語・俊蔭）

(32)　汝|が|命
　　　　'あなたの命'
　　　　　　　　　　　　　　　　　　　　　　　　（うつほ物語・俊蔭）

(33)　[汝|が|ここに来たれる]。
　　　　'あなたがここに来た。'
　　　　　　　　　　　　　　　　　　　　　　　　（うつほ物語・俊蔭）

(30) と (31) は、1人称の例、(32) と (33) の例は、2人称の例。『うつほ物語』では、

(34)　われ|の|

(35)　汝|の|

という例は、皆無でした。

　こうなると、3人称の名詞だけに、次のことが当てはまるようです。つまり、「心の動き」があるかどうかで、「が」と「の」の選択が行われている。一方、1人称と2人称代名詞は、そのような選択がない。人によって

は、1 人称と 2 人称代名詞は、いつだって「心の動き」を表しているのだから、「が」しか選ばれないと考えるかもしれません。また、人によっては、3 人称名詞にだけ、人称による「一致」を超えた、**「心の動きによる「一致」」**が存在していたと考えるかもしれません。現時点では、なぜそうであるのかに対する解答が得られないので、本書では、この問題を将来の調査に委ねたいと思います。

　二つ目。これも、一つ目の問題と似ています。(23a) によれば、名詞が 3 人称なら、それに付く所有を示す助詞は、「の」であるはずです。ところが、百人一首に、こういう例があるのです。3 章からお待たせしていた例です。

(36)　契りおきし させも 　が 　露を 命にて あはれ今年の 秋もいぬめり

番号	75
作者	藤原基俊 (ふぢはらのもととし) (1060 年-1142 年)
読み方	ちぎりおきし　させもがつゆを　いのちにて　あはれことしの　あきもいぬめり
意味	約束してくれたよもぎについた露のようにはかない言葉を、命のように大事にしてきたが、願いがかなうこともなく、今年の秋も去っていくようだ。

(36) においては、「させも」は、「よもぎ」のことです。「よもぎ餅」のよもぎです。3 人称の名詞です。これが、「露」を修飾しています。そして、その間に入る助詞は、「の」ではなく、「が」です。一つ目の問題のように、ここに、話者の「心の動き」が入るとは、ちょっと考えにくいように見えます。

　では、このような普通の名詞が、普通の名詞を修飾する例を見てみたいと思います。例として、修飾される名詞を「浦」に限定してみたいと思います。

(37) ○が浦パターン
a. 青砂ヶ浦（長崎県）
b. 霞ケ浦（茨城県）
c. 十府ヶ浦（岩手県）
d. 袖ケ浦（千葉県）
e. 浄土ヶ浦（島根県）

(38) ○の浦パターン
a. 和歌の浦（和歌山県）
b. 芦ノ浦（長崎県）
c. 松の浦（滋賀県）
d. 真手ノ浦（長崎県）
e. 鞆の浦（広島県）

(37) と (38) では、「○が・の浦」の「○」にくる語の最後の母音が、「a・i・u・e・o」になっています。このように、○が浦パターンと○の浦パターンは、まったく、五分五分の状態です。「浦」を修飾する名詞は、明らかに3人称ですから、「の」が予測されますが、実際には、「が」も「の」も現れます。「廊下を走っている」状態です。現時点では、なぜこのようなことが起きているのか、解答が得られないので、本書では、この問題を将来の調査に委ねたいと思います。

最後の問題です。これも、一つ目と二つ目の問題と似ています。(23a) によれば、名詞が3人称なら、それに付く助詞は、「の」であるはずです。ところが、疑問語の「誰」は、「廊下を走って」います。(39) では、「誰が（たが）」が文中に現れ、(40) では、名詞を修飾して現れています。

(39) [それも、誰がしなさせたまへるにか]
'それも、誰がなさったのか'

（うつほ物語・国譲 上）

（40）　それは誰│が│子にかあらむ

　　　‘それは、誰の子であろうか’

（うつほ物語・楼の上 上）

ともに、「誰の」ではなく、「誰が」が現れています。

　このことは、疑問語全体に当てはまるでしょうか？　そうではないようです。

（41）　仲頼の朝臣、何│の│才か侍る

　　　‘仲頼の朝臣には、何の才能があるのか’

（うつほ物語・嵯峨の院）

（41）では、疑問語「何」が名詞「才」を修飾していますが、「何」に付いているのは、「が」ではなく、規則通り、「の」です。

　「誰」と1人称「我」・2人称「汝」。これらが名詞を修飾するか、文末の述語が終止形でない場合には、必ず、「が」が付いてきます。この3者の共通点は、何でしょうか？「もの」でないことは確かです。しかし、「誰」は、決して、1人称や2人称とは言えないので、人称における共通性は、ないことになります。では、**心の動きによる「一致」**において共通しているんでしょうか？　一見そう見えるかもしれません。「誰」と言う時、「いったい誰がこんなことを」と知りたくなる、そんな欲が根底にあるだろうからです。つまり、疑問というのは、欲という心の動きであると。ところが、（41）のように、「何」という疑問語を使うと、「の」しか付きませんから、**心の動きによる「一致」**とは、言い切れないことになります。現時点では、なぜこのようなことが起きているのかわからないため、本書では、この問題を将来の調査に委ねたいと思います。

　このように、百人一首は、たくさんのことを教えてくれ、そして、同時に、まだまだ、私たちを安心させてくれません。ああ、心の友よ。一生の。

百人一首一覧（詳細）

　100首それぞれのより詳しい内容です。世界には、いろいろ素晴らしい訳がありますが、最もわかりやすいように、私なりに整えてみました。

番号	1
漢字	秋の田の かりほの庵の 苫をあらみ 我が衣手は 露にぬれつつ
作者	天智天皇（てんぢてんのう）（626年-672年）
読み方	あきのたの　かりおのいおの　とまをあらみ　わがころもでは　つゆにぬれつつ
意味	秋の田の脇に小屋を建てた。その小屋の屋根を覆うむしろの編み目が粗いので、私の着物の袖は露にぬれている。

番号	2
漢字	春過ぎて 夏来にけらし 白妙の 衣干すてふ 天の香具山
作者	持統天皇（ぢとうてんのう）（645年-702年）
読み方	はるすぎて　なつきにけらし　しろたえの　ころもほすちょう　あまのかぐやま
意味	春が過ぎて夏が来たらしい。「夏になると衣を干す」という天の香具山に、衣が干してあるから。

百人一首一覧（詳細）　165

番号	3
漢字	あしびきの 山鳥の尾の しだり尾の ながながし夜を ひとりかも寝む
作者	柿本人麿（かきのもとのひとまろ）（生没年不詳）
読み方	あしびきの　やまどりのおの　しだりおの　ながながしよを　ひとりかもねん
意味	山鳥の垂れ下がった尾のように長い夜を、ひとり寂しく寝るのだろうか。

番号	4
漢字	田子の浦に うち出でてみれば 白妙の 富士の高嶺に 雪は降りつつ
作者	山部赤人（やまべのあかひと）（生没年不詳）
読み方	たごのうらに　うちいでてみれば　しろたえの　ふじのたかねに　ゆきはふりつつ
意味	田子の浦に出てみると、富士の頂に雪が降っている。

番号	5
漢字	奥山に 紅葉踏み分け 鳴く鹿の 声聞くときぞ 秋はかなしき
作者	猿丸太夫（さるまるだいふ）（生没年不詳）
読み方	おくやまに　もみじふみわけ　なくしかの　こえきくときぞ　あきはかなしき
意味	奥深い山に紅葉をふみわけて入る。そこで鳴いている鹿の声を聞く時ほど、秋は悲しいと感じる時はない。

番号	6
漢字	かささぎの 渡せる橋に 置く霜の 白きを見れば 夜ぞふけにける
作者	中納言家持（ちゆうなごんやかもち）（718年-785年）
読み方	かささぎの　わたせるはしに　おくしもの　しろきをみれば　よぞふけにける
意味	かささぎが渡したという橋の上に霜が降りている。その霜の白いのを見ると、すっかり夜も更けたなと思う。

番号	7
漢字	天の原 ふりさけ見れば 春日なる 三笠の山に 出でし月かも
作者	阿倍仲麻呂（あべのなかまろ）（698年-770年）
読み方	あまのはら　ふりさけみれば　かすがなる　みかさのやまに　いでしつきかも
意味	大空を見渡すと、月が出ている。あの月は、故郷の春日にある三笠の山に出た月と同じなのだなあ。

番号	8
漢字	我がいほは 都のたつみ しかぞすむ 世をうぢ山と 人はいふなり
作者	喜撰法師（きせんほうし）（平安時代初期）
読み方	わがいおは　みやこのたつみ　しかぞすむ　よをうじやまと　ひとはいうなり
意味	私の仮の住まいは都の巽の方角（東南）にあり、その「巽」という名の通り、静かに暮らしている。ところが、人は、ここを宇治山（憂い山）と言うらしい。私が、世を憂い、避けて住む山だと。

百人一首一覧（詳細）　167

番号	9
漢字	花の色は 移りにけりな いたづらに 我が身世にふる ながめせしまに
作者	小野小町（をののこまち）（平安時代前期）
読み方	はなのいろは　うつりにけりな　いたずらに　わがみよにふる　ながめせしまに
意味	花の色はすっかり色あせてしまった。私がぼんやりとこの世を過ごしているうちに、私が降り続く長雨を眺めているうちに。

番号	10
漢字	これやこの 行くも帰るも 別れては 知るも知らぬも 逢坂の関
作者	蝉丸（せみまる）（生没年不詳）
読み方	これやこの　ゆくもかえるも　わかれては　しるもしらぬも　おうさかのせき
意味	これが例の逢坂の関だ。東国へ行く人も都へ帰る人もここで別れ、また、知っている人も知らない人もここで会うという関。

番号	11
漢字	わたの原 八十島かけて 漕ぎ出でぬと 人には告げよ 海人の釣舟
作者	参議篁（さんぎたかむら）（802年-852年）
読み方	わたのはら　やそしまかけて　こぎいでぬと　ひとにはつげよ　あまのつりぶね
意味	島々を目指し、海原に漕ぎ出して行ったと人に告げておくれ、漁師の釣舟よ。

番号	12
漢字	天つ風 雲のかよひぢ 吹きとぢよ をとめの姿 しばしとどめむ
作者	僧正遍昭（そうじやうへんじよう）（816年-890年）
読み方	あまつかぜ　くものかよいじ　ふきとじよ　おとめのすがた　しばしとどめん
意味	天を吹く風よ、雲の中の通り道を吹き閉じてくれ。乙女たちの姿を、しばらくここに留めておきたいから。

番号	13
漢字	筑波嶺の 峰より落つる みなの川 恋ぞつもりて 淵となりぬる
作者	陽成院（やうぜいいん）（868年-949年）
読み方	つくばねの　みねよりおつる　みなのがわ　こいぞつもりて　ふちとなりぬる
意味	筑波山の峰から流れ落ちるみなの川のように、私の恋もしだいに積もり、今では淵のように深くなってしまった。

番号	14
漢字	みちのくの しのぶもぢずり たれゆゑに 乱れそめにし 我ならなくに
作者	河原左大臣（かはらのさだいじん）（822年-895年）
読み方	みちのくの　しのぶもじずり　たれゆえに　みだれそめにし　われならなくに
意味	奥州特産の染め物の模様が乱れているように、誰のせいで私の心が乱れ始めてしまったのか。私のせいではないのに。

百人一首一覧（詳細）　169

番号	15
漢字	君がため 春の野に出でて 若菜つむ 我が衣手に 雪はふりつつ
作者	光孝天皇（こうこうてんのう）（830 年-887 年）
読み方	きみがため　はるののにいでて　わかなつむ　わがころもでに ゆきはふりつつ
意味	あなたのために春の野に出て若菜を摘んでいたら、私の着物の袖 に雪が降りかかっている。

番号	16
漢字	たち別れ いなばの山の 峰に生ふる まつとし聞かば いま帰りこむ
作者	中納言行平（ちゆうなごんゆきひら）（818 年-893 年）
読み方	たちわかれ　いなばのやまの　みねにおうる　まつとしきかば いまかえりこん
意味	あなたと別れて行きますが、いなば山の峰に生えている松のよう に、あなたが待っていると聞いたなら、すぐにでも帰ってまいり ます。

番号	17
漢字	ちはやぶる 神代も聞かず 龍田川 からくれなゐに 水くくるとは
作者	在原業平朝臣（ありはらのなりひらあそん）（825 年-880 年）
読み方	ちはやぶる　かみよもきかず　たつたがわ　からくれないに　み ずくくるとは
意味	神代の昔にも聞いたことがない。龍田川を紅葉で紅に染めあげる とは。

番号	18
漢字	住の江の 岸による波 よるさへや 夢の通ひ路 人目よくらむ
作者	藤原敏行朝臣（ふぢはらのとしゆきあそん）（？年-901？年）
読み方	すみのえの　きしによるなみ　よるさえや　ゆめのかよいじ　ひとめよくらん
意味	住の江の岸に打ち寄せる波のように、どうして夢の中でさえ、あなたは人目をはばかって会ってはくれないのだろう。

番号	19
漢字	難波潟 みじかき葦の ふしの間も 逢はでこの世を 過ぐしてよとや
作者	伊勢（いせ）（872年-938？年）
読み方	なにわがた　みじかきあしの　ふしのまも　あわでこのよを　すぐしてよとや
意味	難波潟に生えている葦の、節と節の間のように短い時間でも、あなたに逢わずにこの世を過ごせと言うのでしょうか。

番号	20
漢字	わびぬれば 今はた同じ 難波なる 身をつくしても 逢はむとぞ思ふ
作者	元良親王（もとよししんのう）（890年-943年）
読み方	わびぬれば　いまはたおなじ　なにわなる　みをつくしても　あわんとぞおもう
意味	既にあなたを思って苦しんでいるので、今はもう難波にあるみおつくし（航路標識のくい）と同じだ。それと同じように、この身を滅ぼしてもお会いしたいと思う。

番号	21
漢字	今来むと いひしばかりに 長月の 有明の月を 待ち出でつるかな
作者	素性法師（そせいほうし）（生没年不詳）
読み方	いまこんと　いいしばかりに　ながつきの　ありあけのつきを　まちいでつるかな
意味	「今行こう」とあなたが言ったばかりに、九月の有明の月が出るまで待つことになってしまった。

番号	22
漢字	吹くからに 秋の草木の しをるれば むべ山風を あらしといふらむ
作者	文屋康秀（ふんやのやすひで）（生没年不詳）
読み方	ふくからに　あきのくさきの　しおるれば　むべやまかぜを　あらしというらん
意味	ちょっと風が吹くだけで秋の草木がぐったりするので、それで山から吹く風を「嵐」と言うのだろう。

番号	23
漢字	月見れば 千々にものこそ かなしけれ 我が身ひとつの 秋にはあらねど
作者	大江千里（おほえのちさと）（生没年不詳）
読み方	つきみれば　ちぢにものこそ　かなしけれ　わがみひとつの　あきにはあらねど
意味	月を眺めていると、あれこれと思い起こされ悲しいことだ。私ひとりだけの秋ではないのだが。

番号	24
漢字	このたびは 幣もとりあへず 手向山 もみぢの錦 神のまにまに
作者	菅家（かんけ）(845年-903年)
読み方	このたびは　ぬさもとりあえず　たむけやま　もみじのにしき　かみのまにまに
意味	この度の旅は、供え物を用意することもできませんでした。それでも、この手向山の紅葉を捧げますので、どうかお受け取りください。

番号	25
漢字	なにしおはば 逢坂山の さねかづら 人に知られで くるよしもがな
作者	三条右大臣（さんじょうのうだいじん）(873年-932年)
読み方	なにしおわば　おうさかやまの　さねかづら　ひとにしられで　くるよしもがな
意味	「逢って（逢う坂）寝る（さ寝）」という名を持っているなら、逢坂山のさねかずらよ、誰にも知られずに、あなたを手繰り寄せ、また、あなたのところに来るすべが知りたい。

番号	26
漢字	小倉山 峰のもみぢ葉 心あらば 今ひとたびの みゆき待たなむ
作者	貞信公（ていしんこう）(880年-949年)
読み方	おぐらやま　みねのもみじば　こころあらば　いまひとたびの　みゆきまたなん
意味	小倉山の峰の紅葉の葉よ、お前に心があるならば、もう一度陛下がいらっしゃるまで散らずに待ってくれないか。

百人一首一覧（詳細） 173

番号	27
漢字	みかの原 わきて流るる いづみ川 いつみきとてか 恋しかるらむ
作者	中納言兼輔（ちゆうなごんかねすけ）（877年-933年）
読み方	みかのはら　わきてながるる　いずみがわ　いつみきとてか　こいしかるらん
意味	みかの原から湧き出て流れる泉川。その「いつみ」ではないが、その人を「いつ見た」と言って、恋しく思ってしまうのだろうか。

番号	28
漢字	山里は 冬ぞ寂しさ まさりける 人目も草も かれぬと思へば
作者	源宗行朝臣（みなもとのむねゆきあそん）（?年-940?年）
読み方	やまざとは　ふゆぞさびしさ　まさりける　ひとめもくさも　かれぬとおもえば
意味	山里は、冬がとりわけ寂しく感じられる。人が訪ねてこなくなり、草木も枯れてしまうと思うから。

番号	29
漢字	心あてに 折らばや折らむ 初霜の おきまどはせる 白菊の花
作者	凡河内躬恒（おおしかうちのみつね）（859?年-925?年）
読み方	こころあてに　おらばやおらん　はつしもの　おきまどわせる　しらぎくのはな
意味	当てずっぽうに折るなら折ろうか。初霜が降りて、霜と区別できなくなっている白菊の花を。

番号	30
漢字	有明の つれなく見えし 別れより あかつきばかり 憂きものはなし
作者	壬生忠岑（みぶのただみね）（860? 年-920? 年）
読み方	ありあけの　つれなくみえし　わかれより　あかつきばかり　うきものはなし
意味	月が空に残っているうちに夜明けになったあの空が無情に見えた別れ以来、夜明けほどつらいものはない。

番号	31
漢字	朝ぼらけ 有明の月と 見るまでに 吉野の里に 降れる白雪
作者	坂上是則（さかのうへのこれのり）（平安時代前期）
読み方	あさぼらけ　ありあけのつきと　みるまでに　よしののさとにふれるしらゆき
意味	夜がほんのりと明け、物がほのかに見える頃、外をながめてみると、夜明けの月と思われるほどに、吉野の里に雪が降り積もっている。

番号	32
漢字	山川に 風のかけたる しがらみは 流れもあへぬ もみぢなりけり
作者	春道列樹（はるみちのつらき）（平安時代前期）
読み方	やまがわに　かぜのかけたる　しがらみは　ながれもあえぬ　もみじなりけり
意味	山を流れる川に、風がかけ渡した柵があった。よく見れば、それは、流れきれずにいる紅葉だった。

百人一首一覧（詳細）　175

番号	33
漢字	ひさかたの 光のどけき 春の日に しづ心なく 花の散るらむ
作者	紀友則（きのとものり）（生没年不詳）
読み方	ひさかたの　ひかりのどけき　はるのひに　しずごころなく　はなのちるらん
意味	こんなにも日の光がやわらかな春の日に、どうして落ち着きもなく、桜は散るのだろう。

番号	34
漢字	誰をかも 知る人にせむ 高砂の 松も昔の 友ならなくに
作者	藤原興風（ふぢはらのおきかぜ）（平安時代中期）
読み方	たれをかも　しるひとにせん　たかさごの　まつもむかしの　ともならなくに
意味	誰を友とすればいいのだろう。この高砂の松でさえ、昔からの友というわけではないのに。

番号	35
漢字	人はいさ 心も知らず ふるさとは 花ぞ昔の 香ににほひける
作者	紀貫之（きのつらゆき）（868? 年-946? 年）
読み方	ひとはいさ　こころもしらず　ふるさとは　はなぞむかしの　かににおいける
意味	あなたの心が、変わってしまったかどうかわからない。しかし、昔なじみのこの里では、花は昔のままの香りで咲いている。

番号	36
漢字	夏の夜は まだ宵ながら 明けぬるを 雲のいづこに 月宿るらむ
作者	清原深養父（きよはらのふかやぶ）（平安時代中期）
読み方	なつのよは　まだよいながら　あけぬるを　くものいずこに　つきやどるらん
意味	夏の夜は、まだ夕方だと思っているうちに明けてしまうが、そうであれば、月は、いったい雲のどの辺りにいるのだろう。

番号	37
漢字	白露に 風の吹きしく 秋の野は つらぬきとめぬ 玉ぞ散りける
作者	文屋朝康（ふんやのあさやす）（生没年不詳）
読み方	しらつゆに　かぜのふきしく　あきののは　つらぬきとめぬ　たまぞちりける
意味	白露に風がしきりに吹きつけている秋の野は、糸を通してとめていない玉が、散り乱れているようだ。

番号	38
漢字	忘らるる 身をば思はず ちかひてし 人の命の 惜しくもあるかな
作者	右近（うこん）（平安時代中期）
読み方	わすらるる　みをばおもわず　ちかいてし　ひとのいのちの　おしくもあるかな
意味	あなたに忘れられる私のことは何とも思わない。しかし、神に誓ったあなたの命が、失われるのではいかと、惜しく思われてならない。

百人一首一覧（詳細）　177

番号	39
漢字	浅茅生の 小野の篠原 しのぶれど あまりてなどか 人の恋しき
作者	参議等（さんぎひとし）（880 年-951 年）
読み方	あさじゅうの　おののしのはら　しのぶれど　あまりてなどか ひとのこひしき
意味	草が生えた小野の篠原の、その「しの」ではないが、いくら耐え「しの」んでも、こらえきれないほど、どうしてあなたのことが恋しいのだろう。

番号	40
漢字	しのぶれど 色に出でにけり 我が恋は 物や思ふと 人のとふまで
作者	平兼盛（たいらのかねもり）（? 年-990 年）
読み方	しのぶれど　いろにいでにけり　わがこいは　ものやおもうと ひとのとうまで
意味	こらえていたが、顔に出てしまった、私の恋心は。人が、何か物思いをしているのかと尋ねるほどまでに。

番号	41
漢字	恋すてふ 我が名はまだき 立ちにけり 人知れずこそ 思ひそめしか
作者	壬生忠見（みぶのただみ）（生没年不詳）
読み方	こいすちょう　わがなはまだき　たちにけり　ひとしれずこそ おもいそめしか
意味	恋をしているという私のうわさは早くも立ってしまった。人に知られぬよう、相手のことを思い始めたばかりだったのに。

番号	42
漢字	契りきな かたみに袖を しぼりつつ 末の松山 波越さじとは
作者	清原元輔（きよはらのもとすけ）（908 年-990 年）
読み方	ちぎりきな　かたみにそでを　しぼりつつ　すえのまつやま　なみこさじとは
意味	約束しましたね、互いに涙で濡れた袖をしぼりながら。波が末の松山を越えることがないように、私たちの仲も変わることはないと。

番号	43
漢字	あひ見ての 後の心に くらぶれば 昔は物を 思はざりけり
作者	権中納言敦忠（ごんちゆうなごんあつただ）（906 年-943 年）
読み方	あいみての　のちのこころに　くらぶれば　むかしはものを　おもはざりけり
意味	あなたに逢ってから感じる思いに比べれば、それ以前は、人を思うなど、しなかったのと同じだ。

番号	44
漢字	逢ふことの たえてしなくは なかなかに 人をも身をも 恨みざらまし
作者	中納言朝忠（ちゆうなごんあさただ）（910 年-966 年）
読み方	あうことの　たえてしなくは　なかなかに　ひとをもみをも　うらみざらまし
意味	あなたと逢うことが一度もなかったなら、あなたのことも自分のことも、恨むことはなかっただろう。

百人一首一覧（詳細）　179

番号	45
漢字	あはれとも いふべき人は 思ほえで 身のいたづらに なりぬべきかな
作者	謙徳公（けんとくこう）（924年-972年）
読み方	あわれとも　いうべきひとは　おもおえで　みのいたずらに　なりぬべきかな
意味	私のことを哀れだと言ってくれそうな人は、いると思えない。きっと私はむなしく死んでしまうのだろうな。

番号	46
漢字	由良のとを 渡る舟人 梶を絶え 行方も知らぬ 恋の道かな
作者	曽根好忠（そねのよしただ）（生没年不詳）
読み方	ゆらのとを　わたるふなびと　かじをたえ　ゆくえもしらぬ　こいのみちかな
意味	由良の水路を渡る舟人が、櫂をなくし、行く先が決まらぬように、私たちの恋の行方もわからないことだ。

番号	47
漢字	八重葎 しげれる宿の さびしきに 人こそ見えね 秋は来にけり
作者	恵慶法師（ゑきようほうし）（平安時代中期）
読み方	やえむぐら　しげれるやどの　さびしきに　ひとこそみえね　あきはきにけり
意味	幾重にも草が生い茂り、荒れはてている宿に、人の姿は見えない。しかし、ここにも秋はやってきた。

番号	48
漢字	風をいたみ 岩うつ波の おのれのみ 砕けて物を 思ふころかな
作者	源重之（みなもとのしげゆき）（? 年-1000? 年）
読み方	かぜをいたみ　いわうつなみの　おのれのみ　くだけてものを おもうころかな
意味	風が強いので、岩に打ちつける波が砕け散るように、私の心も砕け散り、もの思いにふけるこのごろだ。

番号	49
漢字	みかきもり 衛士のたく火の 夜はもえ 昼は消えつつ 物をこそ思へ
作者	大中臣能宣朝臣（おほなかとみのよしのぶあそん）（921 年-991 年）
読み方	みかきもり　えじのたくひの　よるはもえ　ひるはきえつつ　ものをこそおもへ
意味	御所の門を守る兵士がたく火は、夜は燃えているが、昼間は消えてしまう。その火と同じように、私も、もの思いにふけっている。

番号	50
漢字	君がため 惜しからざりし 命さへ 長くもがなと 思ひけるかな
作者	藤原義孝（ふぢはらのよしたか）（954 年-974 年）
読み方	きみがため　おしからざりし　いのちさえ　ながくもがなと　おもいけるかな
意味	あなたのためなら惜しくはないと思った命までも、あなたと逢えたあとは、長くあってほしいと思う。

百人一首一覧（詳細）　181

番号	51
漢字	かくとだに えやはいぶきの さしも草 さしもしらじな もゆる思ひを
作者	藤原実方朝臣（ふぢはらのさねかたあそん）（? 年-998 年）
読み方	かくとだに　えやはいぶきの　さしもぐさ　さしもしらじな　もゆるおもいを
意味	これほどまでにあなたのことを思っていると言えないのだから、ましてや、あなたは知らないだろう。伊吹山のよもぎのように、私の思いもこれほど燃えているとは。

番号	52
漢字	明けぬれば 暮るるものとは 知りながら なほ恨めしき 朝ぼらけかな
作者	藤原道信朝臣（ふぢはらのみちのぶあそん）（972 年-994 年）
読み方	あけぬれば　くるるものとは　しりながら　なおうらめしき　あさぼらけかな
意味	夜が明ければ、また日が暮れるとは知っていながら、やはり、恨めしいのは、あなたと別れる夜明けであるよ。

番号	53
漢字	嘆きつつ ひとりぬる夜の 明くるまは いかに久しき ものとかはしる
作者	右大将道綱母（うだいしやうみちつなのはは）（936? 年-995 年）
読み方	なげきつつ　ひとりぬるよの　あくるまは　いかにひさしき　ものとかはしる
意味	あなたが来ないのを嘆きながら、一人で寝る夜の明けるまでは、どれほど長いものであると、あなたはわかっているだろうか。

番号	54
漢字	忘れじの 行末までは 難ければ 今日を限りの 命ともがな
作者	儀同三司母（ぎどうさんしのはは）（? 年-996 年）
読み方	わすれじの　ゆくすえまでは　かたければ　きょうをかぎりの いのちともがな
意味	あなたが私のことをいつまでも忘れまいとするのは、難しいこと なので、私の命が、今日かぎりであってほしい。

番号	55
漢字	滝の音は 絶えて久しく なりぬれど 名こそ流れて なほ聞こえけれ
作者	大納言公任（だいなごんきんとう）（966 年-1041 年）
読み方	たきのおとは　たえてひさしく　なりぬれど　なこそながれて なおきこえけれ
意味	滝の音が聞こえなくなってから、もう長い月日が経ったが、その 評判は、世間に流れ、今も知られている。

番号	56
漢字	あらざらむ この世のほかの 思ひ出に 今ひとたびの あふこともがな
作者	和泉式部（いづみしきぶ）（978? 年-? 年）
読み方	あらざらん　このよのほかの　おもいでに　いまひとたびの　あ うこともがな
意味	私はもうすぐこの世からいなくなってしまうだろうが、あの世へ の思い出に、せめてもう一度あなたに逢いたい。

百人一首一覧（詳細）　183

番号	57
漢字	めぐり逢ひて 見しやそれとも わかぬ間に 雲隠れにし 夜半の月かな
作者	紫式部（むらさきしきぶ）（973? 年-1019? 年）
読み方	めぐりあいて　みしやそれとも　わかぬまに　くもがくれにし　よわのつきかな
意味	久しぶりに逢ったのに、それがあなたかどうかもわからぬ間に、あなたは帰ってしまった。まるで雲に隠れた夜の月のように。

番号	58
漢字	有馬山 猪名の笹原 風吹けば いでそよ人を 忘れやはする
作者	大貳三位（だいにのさんみ）（999? 年-? 年）
読み方	ありまやま　いなのささはら　かぜふけば　いでそよひとを　わすれやはする
意味	有馬山にほど近い猪名の笹原に風が吹くと、笹の葉がそよそよと鳴る。そう、まさにその音のように、あなたのことを忘れたりするものか。

番号	59
漢字	やすらはで 寝なましものを 小夜ふけて かたぶくまでの 月を見しかな
作者	赤染衛門（あかぞめゑもん）（958? 年-? 年）
読み方	やすらわで　ねなましものを　さよふけて　かたぶくまでの　つきをみしかな
意味	あなたが来ないと知っていたら、ためらわずに寝てしまえばよかったのに、結局、明け方の月が西に傾くまで眺めてしまった。

番号	60
漢字	大江山 いく野の道の 遠ければ まだふみも見ず 天の橋立
作者	小式部内侍（こしきぶのないし）（？年-1025？年）
読み方	おおえやま　いくののみちの　とおければ　まだふみもみず　あまのはしだて
意味	大江山を越え、生野を通って行く道が遠いので、まだ天の橋立には足を踏み入れたことがなく、また、そこからの文（手紙）も見ていない。

番号	61
漢字	いにしへの 奈良の都の 八重桜 けふ九重に にほひぬるかな
作者	伊勢大輔（いせのおおすけ）（生没年不詳）
読み方	いにしえの　ならのみやこの　やえざくら　きょうここのえに　においぬるかな
意味	かつて奈良の都で咲いていた八重桜が、今日はここ宮中で咲いている。

番号	62
漢字	夜をこめて 鳥の空音は はかるとも よに逢坂の 関はゆるさじ
作者	清少納言（せいしようなごん）（966？年-1025？年）
読み方	よをこめて　とりのそらねは　はかるとも　よにおうさかの　せきはゆるさじ
意味	夜が明けないうちに、鶏の鳴きまねをして、夜が明けたとだまそうとしても、函谷関で通行が許されたという故事とは違って、私があなたと逢うというこの逢坂の関は、決して通行を許さない。

百人一首一覧（詳細）　185

番号	63
漢字	今はただ 思ひ絶えなむ とばかりを 人づてならで いふよしもがな
作者	左京大夫道雅（さきようだいぶみちまさ）（992 年-1054 年）
読み方	いまはただ　おもいたえなん　とばかりを　ひとづてならで　いうよしもがな
意味	今はもう、あなたのことは思い切って忘れてしまおうと、人づてではなく、直接伝える方法があればいいのだが。

番号	64
漢字	朝ぼらけ 宇治の川霧 絶えだえに あらはれわたる 瀬々の網代木
作者	権中納言定頼（ごんちゆうなごんさだより）（995 年-1054 年）
読み方	あさぼらけ　うじのかわぎり　たえだえに　あらわれわたる　せぜのあじろぎ
意味	夜が明けるころ、宇治川に立ちこめた川霧の切れ間から、一面に現れてくる。浅瀬浅瀬に打たれた漁のための杭の列が。

番号	65
漢字	うらみわび 干さぬ袖だに あるものを 恋に朽ちなむ 名こそ惜しけれ
作者	相模（さがみ）（995? 年-? 年）
読み方	うらみわび　ほさぬそでだに　あるものを　こいにくちなん　なこそおしけれ
意味	あなたを恨みに恨み、涙で乾くひまもない袖でさえ口惜しいのに、この恋のせいで私の評判が落ちてしまうのは、なお口惜しいことだ。

番号	66
漢字	もろともに あはれと思へ 山桜 花より外に 知る人もなし
作者	大僧正行尊（だいそうじようぎやうそん）（1055年-1135年）
読み方	もろともに　あわれとおもへ　やまざくら　はなよりほかに　しるひともなし
意味	私がおまえを愛しむように、おまえも私を愛しいと思ってくれ、山桜よ。おまえの他には、私の心を理解する人はいないのだから。

番号	67
漢字	春の夜の 夢ばかりなる 手枕に かひなく立たむ 名こそ惜しけれ
作者	周防内侍（すはうのないし）（生没年不詳）
読み方	はるのよの　ゆめばかりなる　たまくらに　かいなくたたん　なこそをしけれ
意味	春の夜のはかない夢のように、あなたの腕を枕にしただけで、価値のない噂が立つことになれば、なんとも口惜しい。

番号	68
漢字	心にも あらで憂き世に ながらへば 恋しかるべき 夜半の月かな
作者	三条院（さんじようゐん）（979年-1017年）
読み方	こころにも　あらでうきよに　ながらえば　こいしかるべき　よわのつきかな
意味	心ならずも、このつらい世の中に生きながらえていたならば、恋しく思い出されるだろう、今夜のこの月が。

百人一首一覧（詳細）　187

番号	69
漢字	あらし吹く 三室の山の もみぢ葉は 龍田の川の 錦なりけり
作者	能因法師（のういんほうし）（998年-1050?年）
読み方	あらしふく　みむろのやまの　もみじばは　たつたのかわの　にしきなりけり
意味	嵐が吹いて散った三室の山の紅葉の葉は、龍田川の川面に浮いた錦の織物のようだ。

番号	70
漢字	さびしさに 宿を立ち出でて ながむれば いづこも同じ 秋の夕暮
作者	良暹法師（りやうせんほうし）（?年-1064?年）
読み方	さびしさに　やどをたちいでて　ながむれば　いずこもおなじ　あきのゆうぐれ
意味	寂しさに耐えかねて家を出てあたりを眺めてみると、結局、どこも同じだった。秋の夕暮れの寂しさは。

番号	71
漢字	夕されば 門田の稲葉 おとづれて 蘆のまろ屋に 秋風ぞ吹く
作者	大納言経信（だいなごんつねのぶ）（1016年-1097年）
読み方	ゆうされば　かどたのいなば　おとずれて　あしのまろやに　あきかぜぞふく
意味	夕方になると、家の前にある田の稲の葉が音をたてている。葦でできた仮の小屋に秋風が吹いているのだ。

番号	72
漢字	音に聞く 高師の浜の あだ波は かけじや袖の 濡れもこそすれ
作者	祐子内親王家紀伊（ゆうしないしんのうけのきい）（生没年不詳）
読み方	おとにきく　たかしのはまの　あだなみは　かけじやそでの　ぬれもこそすれ
意味	評判の高い高師の浜の波は、体にかけないようにしよう。涙で袖を濡らすといけないから。それと同じように、あなたを心にかけないようにしよう。涙で袖を濡らすといけないから。

番号	73
漢字	高砂の 尾上の桜 咲きにけり 外山の霞 立たずもあらなむ
作者	権中納言匡房（ごんちゆうなごんまさふさ）（1041 年-1111 年）
読み方	たかさごの　おのえのさくら　さきにけり　とやまのかすみ　たたずもあらなん
意味	高砂にある山に桜が咲いた。手前の山の霞よ、どうか立たないでいてくれ。

番号	74
漢字	憂かりける 人を初瀬の 山おろしよ はげしかれとは 祈らぬものを
作者	源俊頼朝臣（みなもとのとしよりあそん）（1055 年-1129 年）
読み方	うかりける　ひとをはつせの　やまおろしよ　はげしかれとは　いのらぬものを
意味	つれない人をこちらにむかせるようにと初瀬の仏に祈ったが、その初瀬から吹く山おろしよ、その風がはげしく吹きつけるように、あの人のつれなさが激しくなれとは祈らなかったのに。

百人一首一覧（詳細）　189

番号	75
漢字	契りおきし させもが露を 命にて あはれ今年の 秋もいぬめり
作者	藤原基俊（ふぢはらのもととし）（1060年-1142年）
読み方	ちぎりおきし　させもがつゆを　いのちにて　あはれことしの　あきもいぬめり
意味	約束してくれたよもぎについた露のようにはかない言葉を、命のように大事にしてきたが、願いがかなうこともなく、今年の秋も去っていくようだ。

番号	76
漢字	わたの原 漕ぎ出でて見れば 久方の 雲居にまがふ 沖つ白波
作者	法性寺入道前関白太政大臣（ほしようじにゆうどうさきのかんぱくだじようだいじん）（1097年-1164年）
読み方	わたのはら　こぎいでてみれば　ひさかたの　くもいにまごう　おきつしらなみ
意味	海原に舟を漕ぎ出してみると、雲と見分けがつかぬような白波が立っていることだ。

番号	77
漢字	瀬をはやみ 岩にせかるる 滝川の われても末に 逢はむとぞ思ふ
作者	崇徳院（すとくいん）（1119年-1164年）
読み方	せをはやみ　いわにせかるる　たきがわの　われてもすえに　あわんとぞおもう
意味	川の浅瀬の流れが早いので、岩にせき止められた急流が二つに分かれるが、それが最後には一つになるように、あの人とはいつか一緒になろうと思う。

番号	78
漢字	淡路島 かよふ千鳥の 鳴く声に 幾夜寝覚めぬ 須磨の関守
作者	源兼昌（みなもとのかねまさ）（生没年不詳）
読み方	あわじしま　かようちどりの　なくこえに　いくよねざめぬ　すまのせきもり
意味	淡路島から渡ってくる千鳥の鳴き声に、幾晩目を覚ましたことか、この須磨の関所の関守は。

番号	79
漢字	秋風に たなびく雲の 絶え間より もれ出づる月の 影のさやけさ
作者	左京大夫顕輔（さきょうだいぶあきすけ）（1090年-1155年）
読み方	あきかぜに　たなびくくもの　たえまより　もれいづるつきのかげのさやけさ
意味	秋風に吹かれてたなびいている雲の切れ間から、漏れ出る月の光の、なんと澄みきっていることか。

番号	80
漢字	長からむ 心も知らず 黒髪の みだれて今朝は 物をこそ思へ
作者	待賢門院堀河（たいけんもんゐんのほりかわ）（生没年不詳）
読み方	ながからん　こころもしらず　くろかみの　みだれてけさは　ものをこそおもえ
意味	あなたの心が末永く変わらぬかどうかわからず、私の心は、黒髪のように乱れ、今朝は物思いに沈んでいる。

百人一首一覧（詳細）　191

番号	81
漢字	ほととぎす 鳴きつる方を ながむれば ただ有明の 月ぞ残れる
作者	後徳大寺左大臣（ごとくだいじのさだいじん）（1139年-1191年）
読み方	ほととぎす　なきつるかたを　ながむれば　ただありあけの　つきぞのこれる
意味	ほととぎすが鳴い方に目をやると、空にはただ夜明けの月が残っているばかりだ。

番号	82
漢字	思ひわび さても命は あるものを 憂きにたへぬは 涙なりけり
作者	道因法師（どういんほうし）（1090年-1182?年）
読み方	おもいわび　さてもいのちは　あるものを　うきにたえぬは　なみだなりけり
意味	つれない恋人を思いつづけ、命だけはどうにかあるものの、この辛さにこらえきれないのは、私の涙だ。

番号	83
漢字	世の中よ 道こそなけれ 思ひ入る 山の奥にも 鹿ぞ鳴くなる
作者	皇太后宮大夫俊成（こうたいごうぐうのたいぶとしなり）（1114年-1204年）
読み方	よのなかよ　みちこそなけれ　おもいいる　やまのおくにも　しかぞなくなる
意味	世の中には逃れられるような道はない。思いつめて入ったこの山の奥にも、鹿が鳴いているのだから。

番号	84
漢字	ながらへば またこのごろや しのばれむ 憂しと見し世ぞ 今は恋しき
作者	藤原清輔朝臣（ふぢはらのきよすけあそん）（1108 年-1177 年）
読み方	ながらえば　またこのごろや　しのばれん　うしとみしよぞ　いまはこいしき
意味	生き長らえたら、やはり今この時が思い出されるのだろうか。つらいと思った世の中も、今では懐かしく思われるのだから。

番号	85
漢字	夜もすがら 物思ふころは 明けやらで 閨のひまさへ つれなかりけり
作者	俊恵法師（しゆんゑほうし）（1113 年-1191? 年）
読み方	よもすがら　ものおもうころは　あけやらで　ねやのひまさへ　つれなかりけり
意味	一晩中恋しい人を思っている時には、早く夜が明けたらと思っても明けきらず、恋人だけでなく、寝床の戸のすきまさえ、つれなく感じられる。

番号	86
漢字	嘆けとて 月やは物を 思はする かこち顔なる わが涙かな
作者	西行法師（さいぎようほうし）（1118 年-1190 年）
読み方	なげけとて　つきやはものを　おもわする　かこちがおなる　わがなみだかな
意味	「嘆け」と言って、月は私に物思いをさせるのか。まるで月の仕業であるかのようにうらめしそうな顔つきで流れ落ちる私の涙よ。

百人一首一覧（詳細）　193

番号	87
漢字	村雨の 露もまだひぬ 真木の葉に 霧立ちのぼる 秋の夕暮
作者	寂蓮法師（じやくれんほうし）（1139? 年-1202 年）
読み方	むらさめの　つゆもまだひぬ　まきのはに　きりたちのぼる　あきのゆうぐれ
意味	にわか雨の露もまだ乾ききらないまきの葉に、既に霧が立ちのぼっている、そんな秋の夕暮れだ。

番号	88
漢字	難波江の 蘆のかりねの ひとよゆゑ みをつくしてや 恋ひわたるべき
作者	皇嘉門院別当（こうかもんゐんのべつとう）（生没年不詳）
読み方	なにわえの　あしのかりねの　ひとよゆえ　みをつくしてや　こいわたるべき
意味	難波の入り江に生えている葦を刈った、その根の一節のように短い一夜をともに過ごしたせいで、みおつくし（航路標識のくい）ではないが、この身をつくして、あなたを思い続けなければならないのだろうか。

番号	89
漢字	玉のをよ たえなばたえね ながらへば 忍ぶることの 弱りもぞする
作者	式子内親王（しょくし／しきしないしんのう）（1149? 年-1201 年）
読み方	たまのをよ　たえなばたえね　ながらへば　しのぶることの　よわりもぞする
意味	私の命よ、絶えてしまうならば絶えてしまえ。生きながらえていると、胸の内に秘める力が弱まって、思いが人に知れてしまうから。

番号	90
漢字	見せばやな 雄島の海人の 袖だにも 濡れにぞ濡れし 色は変はらず
作者	殷富門院大輔（いんぷもんゐんのたいふ）（1131? 年-1200? 年）
読み方	みせばやな　おじまのあまの　そでだにも　ぬれにぞぬれし　いろはかわらず
意味	私の袖をあなたに見せたいものだ。雄島の漁師の袖でさえ、いくら濡れても色は変わらないのに、私の袖は、すっかり涙で色が変わってしまった。

番号	91
漢字	きりぎりす 鳴くや霜夜の さむしろに 衣かたしき ひとりかも寝む
作者	後京極摂政前太政大臣（ごきようごくせつしようさきのだじようだいじん）（1169 年-1206 年）
読み方	きりぎりす　なくやしもよの　さむしろに　ころもかたしき　ひとりかもねん
意味	こおろぎが鳴く霜の降りる寒い夜に、むしろの上に服の片袖を敷いて、私はひとり寂しく寝るのか。

番号	92
漢字	我が袖は 潮干に見えぬ 沖の石の 人こそ知らね 乾く間もなし
作者	二条院讃岐（にじようゐんのさぬき）（1141? 年-1217? 年）
読み方	わがそでは　しおひにみえぬ　おきのいしの　ひとこそしらね　かわくまもなし
意味	私の袖は、潮が引いても顔を出さぬ沖にある石のように、人は知らぬだろうが、涙にぬれて乾くひまもない。

百人一首一覧（詳細）　195

番号	93
漢字	世の中は 常にもがもな 渚漕ぐ 海人の小舟の 綱手かなしも
作者	鎌倉右大臣（かまくらのうだいじん）（1192 年-1219 年）
読み方	よのなかは　つねにもがもな　なぎさこぐ　あまのおぶねの　つなでかなしも
意味	この世の中が、いつまでも変わらぬものであってほしい。海に出る漁師の小舟が、綱で岸につながれている風情がいとしいから。

番号	94
漢字	み吉野の 山の秋風 小夜ふけて ふるさと寒く 衣うつなり
作者	参議雅経（さんぎまさつね）（1170 年-1221 年）
読み方	みよしのの　やまのあきかぜ　さよふけて　ふるさとさむく　ころもうつなり
意味	吉野山の秋風が吹き、夜もしだいに更けてきた。この吉野の里に、衣を打つ音が寒々と聞こえてくる。

番号	95
漢字	おほけなく 憂き世の民に おほふかな 我が立つ杣に 墨染の袖
作者	前大僧正慈圓（さきのだいそうじようじゑん）（1155 年-1225 年）
読み方	おおけなく　うきよのたみに　おおうかな　わがたつそまに　すみぞめのそで
意味	身のほど知らずであるが、被いかけよう、つらそうにしている世の中の人々の上に、私が立っている比叡山に、僧侶がまとう墨染めの袖を。

番号	96
漢字	花さそふ あらしの庭の 雪ならで ふりゆくものは 我が身なりけり
作者	入道前太政大臣（にうどうさきのだじようだいじん）（1171 年-1244 年)
読み方	はなさそう　あらしのにわの　ゆきならで　ふりゆくものは　わがみなりけり
意味	嵐が庭に散らした雪のような花びらではなく、老いていくのは、わが身の方だ。

番号	97
漢字	来ぬ人を まつほの浦の 夕なぎに 焼くや藻塩の 身もこがれつつ
作者	権中納言定家（ごんちゆうなごんさだいへ）（1162 年-1241 年)
読み方	こぬひとを　まつほのうらの　ゆうなぎに　やくやもしおの　みもこがれつつ
意味	来ぬ人を待ち焦がれている。ちょうど、松帆の浦の風がやんだ夕方に焼く藻塩のように、わが身も恋い焦がれている。

番号	98
漢字	風そよぐ ならの小川の 夕暮は みそぎぞ夏の しるしなりける
作者	従二位家隆（じゆにゐいへたか）（1158 年-1237 年)
読み方	かぜそよぐ　ならのおがわの　ゆうぐれは　みそぎぞなつの　しるしなりける
意味	風そよぐ、この上賀茂神社の小川の夕暮れは、みそぎの様子を見ていると、夏なんだなと感じる。

百人一首一覧（詳細）　197

番号	99
漢字	人もをし 人もうらめし あぢきなく 世を思ふゆゑに 物思ふ身は
作者	後鳥羽院（ごとばのゐん）（1180 年-1239 年）
読み方	ひともおし　ひともうらめし　あじきなく　よをおもうゆえに　ものおもうみは
意味	人がいとしくも、うらめしくも思われる。この世をどうにもならないと思ってしまうために、あれこれ思いをめぐらせる私にとっては。

番号	100
漢字	ももしきや 古き軒端の しのぶにも なほあまりある 昔なりけり
作者	順徳院（じゅんとくいん）（1197 年-1242 年）
読み方	ももしきや　ふるきのきばの　しのぶにも　なおあまりある　むかしなりけり
意味	宮中の古びた軒先に生えている忍ぶ草（シダ）を見ていると、偲びきれぬほどに、昔が思い起こされる。

参考文献

Henadeerage, Deepthi K. (2002) *Topics in Sinhala Syntax*, Doctoral dissertation, The Australian National University.

Ikawa, Hajime (1998) "On Kakarimusubi in Old Japanese: A Possibility under Generative Grammatical Perspective," *Journal of Japanese Linguistics* 16, 1–38.

一般社団法人 全日本かるた協会 https://www.karuta.or.jp/karuta-everyday

Kishimoto, Hideki (1992) "LF Pied Piping: Evidence from Sinhala," *Gengo Kenkyu* 102, 46–87.

Kishimoto, Hideki (2005) "Wh-In-Situ and Movement in Sinhala Questions," *Natural Language & Linguistic Theory* 22, 1–51.

Lehmann, Thomas (1989) *A Grammar of Modern Tamil*, Pondicherry Institute of Linguistics and Culture, Pondicherry, India.

Maki, Hideki, Lina Bao and Megumi Hasebe (2015) *Essays on Mongolian Syntax*, Kaitakusha, Tokyo.

Maki, Hideki and Amanullah Bhutto (2013) "Genitive Subject Licensing in Modern Urdu," *English Linguistics* 30, 191–203.

Maki, Hideki and Dónall P. Ó Baoill (2011) *Essays on Irish Syntax*, Kaitakusha, Tokyo.

Maki, Hideki and Dónall P. Ó Baoill (2017) *Essays on Irish Syntax II*, Kaitakusha, Tokyo.

牧秀樹（2019）『誰でも言語学』開拓社，東京.

牧秀樹（2021）『これでも言語学──中国の中の「日本語」──』開拓社，東京.

牧秀樹（2023）『象の鼻から言語学──主語・目的語カメレオン説──』開拓社，東京.

大野晋（1993）『係り結びの研究』中央公論新社，東京.

大野晋（1999）『日本語はどこからきたのか──ことばと文明のつながりを考える』岩波書店，東京.

俵万智（1987）『サラダ記念日』河出書房新社，東京.

Tonoike, Shigeo (1992) "Operator Movements in Japanese," 『明治学院論叢』507, 79–142.

Vitale, Anthony J. (1981) *Swahili Syntax*, Foris, Dordrecht.

テキスト

うつほ物語 　中野幸一（校注・訳）（1999-2002）『新編日本古典文学全集（14-16）うつほ物語（1-3）』小学館，東京.

大鏡 　橘健二・加藤　静子（校注・訳）（1996）『新編日本古典文学全集（34）大鏡』小学館，東京.

落窪物語 　三谷栄一・三谷邦明・稲賀敬二（校注・訳）（2000）『新編日本古典文学全集（17）落窪物語・堤中納言物語』小学館，東京.

蜻蛉日記 　菊地靖彦・木村正中・伊牟田経久（校注・訳）（1995）『新編日本古典文学全集（13）土佐日記・蜻蛉日記』小学館，東京.

源氏物語 　阿部秋生・秋山虔・今井源衛・鈴木日出男（校注・訳）（1994-1998）『新編日本古典文学全集（20-25）源氏物語（1-6）』小学館，東京.

古今和歌集 　小沢正夫・松田成穂（校注・訳）（1994）『新編日本古典文学全集（11）古今和歌集』小学館，東京.

続後撰和歌集 　財団法人冷泉家時雨亭文庫編（1994）『冷泉家時雨亭叢書（6）続後撰和歌集　為家歌学』朝日新聞出版，東京.

新古今和歌集 　峯村文人（校注・訳）（1995）『新編日本古典文学全集（43）新古今和歌集』小学館，東京.

竹取物語 　片桐洋一・福井貞助・高橋正治・清水好子（校注・訳）（1994）『新編日本古典文学全集（12）竹取物語・伊勢物語・大和物語・平中物語』小学館，東京.

土佐日記 　菊地靖彦・木村正中・伊牟田経久（校注・訳）（1995）『新編日本古典文学全集（13）土佐日記・蜻蛉日記』小学館，東京.

日本書紀 　小島憲之・直木孝次郎・西宮一民・蔵中進・毛利正守（校注・訳）（1994-1998）『新編日本古典文学全集（2-4）日本書紀（1-3）』小学館，東京.

古事記 　山口佳紀・神野志隆光（校注・訳）（1997）『新編日本古典文学全集（1）古事記』小学館，東京.

枕草子 　松尾聡・永井和子（校注・訳）（1997）『新編日本古典文学全集（18）枕草子』小学館，東京.

万葉集 　　　　中西進（2008）『中西進著作集（19-21）万葉集全訳注原文付（1-3)』四季社，東京.

索　引

Bhutto	131
Henadeerage	99, 128, 129
Ikawa	69, 88
Kishimoto	116
Lehmann	96, 130, 131
Maki	31, 128, 131
Ó Baoill	128
Tonoike	110, 122, 123
Vitale	126
アイルランド語	127
仰げば尊し	40, 68
井川肇	69
ウルドゥ語	131, 132, 149, 157
大野晋	ii, 69, 96, 138
韓国語	120, 134, 137, 138, 149, 157
岸本秀樹	99, 116
シンハラ語	96, 99-101, 116, 118-120, 124, 128, 129, 149, 155, 157
スリランカ	96, 99
スワヒリ語	125-127, 138
タミル語	ii, 96, 98-101, 120, 124, 130, 131, 149, 155, 157
中国語	136, 138, 149, 157
外池滋生	110
トルコ語	133, 147-149, 157
裸主語	61-67, 74, 75, 79, 152, 154, 157

ビジ語	134, 149, 157
フランス語	127
ベンガル語	132, 149, 157
室町時代	138, 146
モンゴル語	26, 31, 32, 38, 39, 120, 124, 133, 147-150, 157
弥生時代	ii

著者紹介

牧　秀樹　（まき　ひでき）

　岐阜大学地域科学部教授。1995 年にコネチカット大学にて博士号（言語学）を取得。研究対象は、言語学と英語教育。主な著書：*Essays on Irish Syntax*（共著、2011 年）、*Essays on Mongolian Syntax*（共著、2015 年）、*Essays on Irish Syntax II*（共著、2017 年）、『The Minimal English Test（最小英語テスト）研究』（2018 年）［以上、開拓社］、『誰でも言語学』、『最小英語テスト（MET）ドリル　標準レベル』、『最小英語テスト（MET）ドリル センター試験レベル』、『中学生版 最小英語テスト（jMET）ドリル』［以上、2019 年、開拓社］、『金言版最小英語テスト（KMET）ドリル』（2020 年）、『これでも言語学』（2021 年）、*Essay on Case*（2021 年）、『それでも言語学』、『最小日本語テスト（MJT）ドリル』、『最小中国語テスト（MCT）ドリル』、『最小韓国語テスト（MKT）ドリル』（以上、2022 年）、『MCT 中国語実践会話』（共著）、『象の鼻から言語学』、『みんなの言語学入門』、『火星人とはなしたよ』（以上、2023 年）［以上、開拓社］、『10 分でわかる！ことばの仕組み』（2023 年、Kindle Direct Publishing）、『最小英語テスト（MET）ドリル〈大学入学共通テスト聴解版〉』、『最小英語テスト（MET）ドリル〈大学入学共通テスト読解版〉』（以上、2024 年、開拓社）など。

百人一首の言語学

ⓒ 2024 Hideki Maki
ISBN978-4-7589-2411-5　C0080

著作者	牧　秀樹	
発行者	武村哲司	
印刷所	日之出印刷株式会社	

2024 年 11 月 14 日　第 1 版第 1 刷発行

発行所　　株式会社　開拓社

〒 112-0003 東京都文京区春日 2-13-1
電話　（03）6801-5651（代表）
振替　00160-8-39587
https://www.kaitakusha.co.jp

JCOPY ＜出版者著作権管理機構 委託出版物＞

本書の無断複製は、著作権法上での例外を除き禁じられています。複製される場合は、そのつど事前に、出版者著作権管理機構（電話 03-5244-5088、FAX 03-5244-5089、e-mail: info@jcopy.or.jp）の許諾を得てください。